ADRIEN BERNHEIM

TRENTE ANS DE THÉATRE

Préface de **Henry ROUJON**, de l'Institut,
Directeur des Beaux-Arts

PARIS
BIBLIOTHÈQUE-CHARPENTIER
EUGÈNE FASQUELLE, ÉDITEUR
11, RUE DE GRENELLE, 11

1903

TRENTE ANS DE THÉATRE

Il a tiré de cet ouvrage :

20 exemplaires numérotés sur papier de Hollande.

Tous droits de reproduction et de traduction réservés pour tous pays y compris le Danemark, les Pays-Bas, la Suède et la Norwège.

ADRIEN BERNHEIM

TRENTE ANS

DE

THÉATRE

Préface de **Henry ROUJON**, de l'Institut

Directeur des Beaux-Arts

PARIS

BIBLIOTHÈQUE-CHARPENTIER

EUGÈNE FASQUELLE, ÉDITEUR

11, RUE DE GRENELLE, 11

1903

Tous droits réservés.

PRÉFACE

Voici un petit livre dont la fortune est assurée. Il entretient le public de son plaisir favori, et il le fait savamment. Parmi les amoureux du théâtre, son auteur passe pour l'un des plus avisés et des plus fervents. Adrien Bernheim se réclame volontiers du souvenir de Francisque Sarcey. C'est un neveu authentique du bon Oncle, et un neveu qui a hérité. Sarcey lui a légué la faculté, précieuse entre toutes, d'aller tous les soirs au spectacle avec une joie nouvelle. De son vivant, il le désigna pour un poste qui exige, non pas seulement le goût, mais le culte de l'art dramatique. Aussi Adrien Bernheim est-il un fonctionnaire heureux. Heureux parce qu'il adore son métier et qu'il y croit. Heureux parce qu'il ne saurait imaginer, ni dans ce monde ni dans l'autre, de plus bel emploi de l'intelligence.

Un livre signé de lui et traitant du théâtre n'a besoin d'aucun patronage. Le présenter aux lecteurs est au moins inutile. L'alourdir d'une estampille officielle serait maladroit. En écrivant quelques lignes d'avant-propos, je ne cède qu'au plaisir naturel de féliciter un ami et de remercier un collaborateur déjà fort ancien. J'indique à peine, au courant de la plume, pourquoi ces pages m'ont instruit et amusé.

Tous les citoyens ont le droit imprescriptible de posséder et d'émettre une opinion sur les quatre scènes de l'État, leurs qualités et leurs défauts, leur passé, leur présent et leur avenir. Et c'est une justice à leur rendre, ce droit, ils ne se privent point de l'exercer. Par contre, il y a deux hommes en France qui ont le devoir de se faire, sur ces questions complexes, des idées très nettes, mais qui ne jouissent pas du droit de faire part de leurs réflexions à leurs semblables. Ces deux hommes sont Bernheim et son préfacier. Aussi n'ai-je pu me défendre d'un léger frisson lorsque mon excellent collaborateur m'a annoncé qu'il préparait un livre où il parlerait de la Comédie-Française, de l'Opéra, de l'Opéra-Comique et de l'Odéon. J'ai frémi, d'abord parce qu'un administrateur vigilant doit toujours commencer par frémir, et parce que je me voyais dans la situation d'un maire de campagne à qui son garde champêtre demanderait la permission de tirer quelques perdreaux dans une chasse gardée. Bernheim m'a prouvé que je m'alarmais sans raison. Avant d'être commissaire du gouvernement, il a été journaliste, et j'ai quelque idée qu'il l'est encore. Il sait distinguer entre ce qu'on peut imprimer tout vif et ce qu'on doit garder pour les cartons verts.

Il vient de démontrer une fois de plus que la Presse, lorsqu'on sait en tirer les leçons qu'elle comporte, est, à tout prendre, une école de tact.

Que sont, au juste, ces vastes machines des théâtres d'État, comment manœuvrent leurs équipages, quel labeur représente leur fonctionnement, quels services elles rendent au travail, voilà ce que Bernheim explique et démontre avec autant de bonhomie que de compétence. Il se complaît dans ces vieilles maisons dont il sait le moindre recoin, nous initie à tous les secrets de leur organisme, nous les fait visiter, du quatrième dessous aux frises, avec l'empressement réjoui d'un principal locataire. Il en aime de tout cœur les hôtes, ce personnel étrangement calomnié du théâtre, si vaillant pourtant, si généreux, si charitable, qui a tous les défauts, et cette vertu maîtresse de se passionner pour ce qu'il fait. Ce livre est un guide, discret et informé, à travers des institutions dont tout le monde jase et que peu de gens connaissent. Il redressera des erreurs trop répandues, il vulgarisera des vérités précieuses. Il est clair, exact et sincère. On le posera, après l'avoir lu, dans le bon coin de la bibliothèque, au rayon des livres qu'on consulte. Et dût Bernheim en concevoir un orgueil incompatible avec la réserve qui sied au commissaire du gouvernement, j'ose lui prédire qu'il sera relié.

Parler de théâtre aux Parisiens, c'est leur parler de tout et de tous. Les anecdotes, les traits comiques, les souvenirs amers ou joyeux, douloureux parfois, se pressent sous la plume. En croyant écrire un chapitre de ses Mémoires, on raconte surtout l'histoire des autres. Cette lecture m'a vieilli. Que d'amis chers, que d'utiles adversaires, que de bons compagnons semés sur la route!

Je vois encore, dans le cabinet de mon bien-aimé et à jamais regretté maître Jules Ferry, la silhouette osseuse et énigmatique d'Émile Perrin. Cet administrateur général de la Comédie-Française cachait derrière un œil inquiétant un diplomate de première force. Sa tâche n'était pas des plus faciles. Très attaqué, il se défendait en tacticien consommé, contre une véritable horde d'ennemis. Depuis sa mort, on s'accorde généralement à lui attribuer toutes les vertus de son emploi. Il n'en allait pas tout à fait ainsi de son vivant. Un directeur de théâtre ne commence à être sérieusement aimé de ses contemporains qu'à dater du jour de ses obsèques. Perrin savait cela ; n'ayant de tendresse que le strict nécessaire, il souffrait médiocrement des hostilités. Lorsque les affaires de la Comédie marchaient bien, on le voyait peu au ministère ; il se montrait alors très jaloux de l'autonomie de la maison de Molière. En revanche, dès qu'une difficulté se présentait, il venait, en fonctionnaire correct, la déposer aux pieds de son ministre, en lui demandant respectueusement de la résoudre ; il concevait ainsi les droits de l'État. Un homme supérieur, au demeurant, capable de briller dans toutes les carrières, esprit subtil, volonté de fer, une de ces natures exceptionnelles organisées pour le commandement.

Quel contraste avec Carvalho, si plein d'aménité, si séduisant, si bonhomme, et non moins confit en finesse ! Parler affaires avec Carvalho, les rares fois où c'était possible, vous donnait un plaisir délicieux. Il sollicitait deux ou trois vétilles avec un grand luxe de précautions oratoires, les obtenait aisément, puis, sur le pas de la porte, en homme pressé qui répare un léger oubli, il vous demandait une énormité. S'il devinait une résistance : « Vous ne répondez pas aujourd'hui... », faisait-il. Et il s'en allait tout souriant, avec sa jolie politesse d'autrefois. Il vous avait mis tellement à l'aise qu'on se sentait affreusement gêné. Il a mené ses intérêts en beau joueur, en serviteur de l'art, en grand seigneur fantasque et prodigue. Tout Paris a été tour à tour intimement lié et mortellement brouillé avec lui, et tout Paris l'a pleuré sans phrases.

Nous avons fait, Eugène Bertrand et moi, nos débuts ensemble, lui comme directeur de l'Opéra, moi comme directeur des Beaux-Arts. Nous étions aussi inexpérimentés l'un que l'autre. Mais je crois bien que cela ne le troublait point. Ce diable d'homme, doué d'une confiance imperturbable dans son étoile, avait imaginé un système de représentations à prix réduits qui transformait la caisse de l'Opéra en tonneau des Danaïdes. Plus son idée réussissait, plus il perdait de l'argent; il appelait cela « faire un essai intéressant ». Avec une exactitude scrupuleuse, il venait m'apporter toutes les semaines le chiffre des pertes. Les premières fois, il jugeait bon de prendre un petit air détaché et satisfait. Au bout de quelque temps, il m'avoua en riant aux larmes : « Je commence à croire que c'est un four ». A la fin, il me déclara qu'il en était sûr. J'avais devancé sa conviction. Excellent Bertrand : « Nous avons appris le métier ensemble », me disait-il toujours. Mon métier, hélas! est de ceux qu'on ne sait jamais. Il avait fini, lui, par dominer le sien. Ses audaces nous ont valu de belles soirées. Il m'est doux d'évoquer le souvenir de ce charmant homme qui n'a pas laissé un ennemi.

Combien d'autres noms, cités dans le livre de Bernheim, me feraient radoter si je l'osais ! Au premier rang, mon ami Henry Régnier, de si bon conseil, si dévoué, si sûr. Et Scholl, et Fouquier, qui exerçaient si gentiment au comité de lecture de l'Odéon une magistrature quasi officielle ! Et Henri Becque ! Celui-là n'était pas commode. Pourtant, je crois l'avoir assez pratiqué pour affirmer que ce prétendu féroce était un timide et un tendre. Quand Becque venait me voir, c'était pour me parler de quelque malheureux dont il avait pris la cause en mains. Entre parenthèses il me demandait bien la tête de Claretie, mais comme une chose toute simple et qui ne se refuse pas. Il me disait tous les mots cruels que lui inspiraient ses confrères, sans oublier ceux qu'il me consacrait à moi-même. Nous en riions ensemble de bon cœur, lui surtout.

Je m'aperçois un peu tard que je ne suis

pas assez près de l'âge de la retraite pour me permettre des souvenirs. C'est assez s'entretenir des morts et du passé. Un vivant, un nouveau-né, dont je suis un des nombreux parrains, se rappelle à notre sollicitude. Je parle de cette « Œuvre Française des Trente Ans de Théâtre » dont la croissance marche rapidement. Son fondateur n'avait songé d'abord qu'à créer une caisse de secours. L'idée s'est élargie, a dépassé toutes les espérances. Ce qui n'était hier qu'une bonne action devient une œuvre d'intérêt public. Une entreprise d'initiative privée, qui est fondée par un fonctionnaire et qui prospère sans rien demander à l'État, le cas n'est point banal. Bernheim et son comité ont déjà fait d'excellentes choses, et voilà qu'ils méditent des progrès nouveaux. Sachons-leur gré surtout d'arracher le grand public au café-concert pour lui donner des spectacles d'art. Les théâtres de banlieue se prêtent à merveille à ces beaux essais. Plusieurs y sont obligés par un passé glorieux. Il en est un où Rouvière, illustre et isolé, a crié les doutes d'Hamlet. Dans tel autre, je me souviens de Frédérick vieilli, balbutiant la *Vie d'un joueur* avec une mimique encore superbe. Si ces scènes de quartier redevenaient peu à peu des foyers d'idéal, ce serait là vraiment une œuvre de solidarité républicaine. C'est aussi de l'enseignement national, et du bon.

Les professeurs les plus éloquents se dévouent à cette cause. Gustave Larroumet, le maître de la conférence, déclare qu'il ne connaît pas de meilleur public ; ses auditeurs lui retournent le compliment.

La foule, je le dis sans flatterie basse, va au Beau naturellement. A ce propos, encore un souvenir, le dernier. Mon vénéré ami, M. Eugène Guillaume, qui a, lui aussi, des anecdotes de directeur des Beaux-Arts, me disait un jour qu'il devait aux représentations gratuites quelques-unes des plus fortes émotions de sa vie. « Caché derrière une porte, me contait-il, j'écoutais le peuple pénétrer dans la salle. Cela faisait un tumulte magnifique, quelque chose comme le bruit du bronze quand il entre dans le moule. » Voilà, n'est-il pas vrai? une belle parole de statuaire, une noble image et un symbole profond. Quand on a longuement vécu dans l'intimité de Michel-Ange, on a le secret de ces mots-là.

HENRY ROUJON.

LES THÉATRES D'ÉTAT

LA COMÉDIE-FRANÇAISE [1]

I

Le décret impérial sur la surveillance, l'organisation, l'administration, la comptabilité, la police et la discipline du Théâtre-Français, rédigé au quartier impérial de Moscou, le 14 octobre 1812, autrement et plus simplement dit le Décret de Moscou, fixe les attributions diverses de l'Administrateur Général de la Comédie-Française.

C'est lui, et lui seul, qui, nommé par le Ministre, surveille toutes les parties de l'administration et de la comptabilité, est chargé de faire exécuter dans toutes leurs dispositions les règle-

1. Cet article, paru il y a trois ans, n'a pas été modifié, Il indique l'état de la Comédie-Française en 1899.

ments du décret et qui, à cet effet, donne personnellement tous les ordres nécessaires. Il est maître d'engager qui bon lui semble pour une année; il dirige, comme il l'entend, la distribution des rôles, aussi bien pour les œuvres nouvelles que pour les reprises du répertoire.

La Comédie-Française, on l'a judicieusement fait observer, est une monarchie constitutionnelle. Elle est régie par trois pouvoirs bien distincts : celui du Ministère, qui nomme l'administrateur général et assure une subvention annuelle de 240.000 francs (sans compter la jouissance du monument); celui des sociétaires du Comité d'administration, qui sont les associés commerciaux du théâtre et en surveillent l'exploitation; celui de l'Administrateur Général, qui est le représentant direct du Ministre auprès des sociétaires et, par cela même, le Président de tous les comités du théâtre.

Cela dit, ce n'est ni sans surprise ni sans regret que ceux qui s'intéressent aux destinées de la Comédie-Française contemplent le spectacle qu'on leur offre aujourd'hui : ici, des adversaires, débitant toutes les vieilles formules, pestant contre le décret qui a fortifié le théâtre et se laissant aller à faire d'une question de principes une question de personnes; là, des défenseurs qui montrent des chiffres, étalent des inventaires, ne se doutant pas que, dans une association comme la Comédie-Française, qui est à la fois un théâtre d'État et une maison de commerce, il est certains secrets qu'il est bon de ne pas livrer...

Ce qu'il serait préférable de faire comprendre, c'est que la Comédie-Française ne peut plus être aujourd'hui ce qu'elle était autrefois, et cela pour deux raisons : la première, c'est qu'Emile Perrin, dont personne ne conteste le talent supérieur de metteur en scène, n'a pas suffisamment prévu l'avenir; c'est que, systématiquement, il a fermé les portes de la Comédie-Française aux jeunes auteurs et aux jeunes comédiens, ne les ouvrant qu'à ses écrivains et à ses sociétaires, toujours les mêmes; la seconde raison, c'est que les théâtres, petits et grands, ne sont plus administrés aujourd'hui comme il y a vingt ans; c'est qu'une concurrence s'est formée, terrible, implacable; c'est que les vedettes, les étoiles ont tout bouleversé;

c'est que les tournées ont changé jusqu'à l'organisation intérieure de nos théâtres...

. * .

Sarcey, n'avait pas négligé (il suffit de relire ses feuilletons d'autrefois) de prévoir le mal et d'indiquer le remède. Il avait eu le courage de faire campagne contre Émile Perrin : il pensait qu'un administrateur avisé doit préparer une jeune troupe et ne pas se confiner dans des distributions excellentes, mais dangereuses. Il reprochait à Perrin de n'avoir confiance qu'en des noms déjà connus d'auteurs et de comédiens, de ne croire qu'au succès, mais au succès établi, au succès à peu près certain, indiscutable, et, dans un de ces accès de colère dont il était coutumier, il écrivait :

« Comme les recettes sont pour Perrin l'infaillible critérium et comme il a remarqué qu'en notre temps le public ne se laisse séduire que par les célébrités vraies ou fausses, il a pour système de mettre toujours en avant la demi-douzaine de comédiens authentiques, estampillés, contre lesquels n'oserait s'insurger son public des mardis, qui est nourri dans le respect des choses respectables. Ces comédiens ne sont pas éternels : M. Perrin ne l'ignore pas, mais il se dit, et avec raison, que tout cela durera plus que lui, qui n'en a plus pour bien longtemps. M. Perrin trouve inutile de planter des talents qui réjouiront ses successeurs, et à quoi bon se donner cette peine? Il aurait tous les ennuis d'une chute et n'aime pas bien donner à croire qu'il a pu se tromper. Un autre profiterait du succès préparé par lui... Si M. Thierry avait raisonné de la sorte, Coquelin ne ferait pas, à cette heure, les beaux jours de la direction Perrin!... Enfin, la Comédie détient dans son répertoire une foule d'œuvres remarquables qui ne sont pas encore tombées dans le domaine public. Elle ne les joue plus, et il y a grande apparence qu'elle ne les jouera jamais; mais elle empêche que d'autres ne les jouent. Elle fait l'office du chien du jardinier... »

Un seul critique suivit alors Sarcey : ce fut Henry Fouquier qui, dans la préface d'un des volumes des *Annales du Théâtre et de la Musique*, intitulée *La Maison de M. Perrin*, résumait merveilleusement l'état du théâtre et l'imprévoyance de l'administration, estimant que c'était un tort de laisser un écart trop considérable entre la vieille troupe et la nouvelle, de creuser une façon d'abîme entre les sociétaires et les pensionnaires, exprimant le regret que le sort de la Comédie fût aux mains et aux caprices de quelques sociétaires...

Cette préface judicieuse, les adversaires de la Comédie-Française d'aujourd'hui feraient bien de la relire : ils y trouveraient des objections irréfutables, et, de son côté, l'administration actuelle y puiserait la plus utile des défenses.

Ce qu'il faudrait présenter, ce ne sont pas les inventaires d'aujourd'hui, ce sont les distributions d'autrefois. On constaterait que, pendant quinze années, les chefs d'emploi ont été, contre tout règlement, contre tout usage, contre tout bon sens, seuls titulaires de leurs rôles. L'article 54 du décret est formel à ce sujet : « Aucun acteur en chef ne pourra se réserver un ou plusieurs rôles de son emploi. Le Comité prendra les mesures nécessaires pour que les doubles soient entendus par le public dans les principaux rôles de leurs emplois respectifs, trois ou quatre fois par mois. »

Mais Perrin voulait qu'il n'y eût qu'un Poirier : M. Got; qu'un Perdican, qu'un Valentin : M. Delaunay; qu'un Figaro, qu'un Mascarille : M. Coquelin; qu'un marquis de la Seiglière : M. Thiron; qu'un Hernani : M. Mounet-Sully : qu'un marquis de Villemer : M. Worms; qu'un don Salluste : M. Febvre...

De tours et de partages de rôles, point, et M. Le Bargy lui-même nous dira que, pendant bien des années, il a attendu vainement les rôles de Perdican, de Valentin et du marquis de Presles. C'était l'inaction forcée. Si M. Got, affiché le soir dans le *Gendre de M. Poirier*, se trouvait souffrant dans la journée, on en était réduit, ce qui montre bien le danger d'un tel système, à modifier le spectacle.

C'était le temps où, chaque année, Émile Augier, et après lui, Pailleron et Dumas, apportaient une pièce qui faisait tout l'hiver.

On ne jouait alors qu'une pièce par saison, à la grande colère des auteurs qui trouvaient toujours la maison close et, cette pièce unique était invariablement jouée par les mêmes artistes.

C'était le temps où l'entrée de Dumas à la Comédie-Française causait une véritable révolution !... Que d'obstacles — s'en souvient-on seulement aujourd'hui? — il fallut vaincre pour persuader au Comité que les titres de Dumas n'étaient pas inférieurs à ceux d'Augier et que le *Demi-Monde* devait avoir droit de cité à la Comédie.

C'était le temps où il y avait deux répertoires bien distincts : celui de la Comédie-Française, qu'on ne trouvait jamais assez prude, assez châtié (Perrin supprimait des scènes entières dans Molière et dans Regnard) et celui des théâtres de genre, plus hardi et plus libre. Le comité de la Comédie, tout aussi timoré que son administrateur, hésitait devant le *Demi-Monde*, reculait devant *Madame Caverlet* d'Émile Augier et n'admettait sur la scène de Molière ni Meilhac, ni Halévy, ni Sardou; c'est tout au plus s'il retenait le délicieux *Été de la Saint-Martin*, de MM. Meilhac et Halévy, et si, en un jour d'audace, il entr'ouvrait la porte au *Daniel Rochat* de M. Sardou. Il était convenu que, pour jouer ce répertoire d'un modernisme qui paraissait excessif aux artistes du comité, il y avait au Vaudeville et au Gymnase des artistes désignés : les Desclée, les Dupuis, les Berton, les Lafont, les Parade, les Saint-Germain, les Landrol, les Dieudonné, et, plus tard, les Pierson et les Bartet. La classification des théâtres comme celle des genres était nettement établie...

C'était le temps où M. Mounet-Sully se morfondait dans l'inaction. Pas de place alors, ni pour la tragédie que Perrin détestait (et il comptait dans sa troupe Sarah Bernhardt qu'il préférait utiliser dans le drame moderne) ni pour le drame en vers qu'il dédaignait. Seule, la *Fille de Roland*, en 1874, fit exception à la règle; la tentative avait réussi, mais on se garda de la renouveler...

* * *

Il faut rendre à la direction actuelle cette justice qu'elle a ouvert les portes de la Comédie-Française à tous les écrivains de théâtre, sans distinction d'école. Ce sera un honneur pour elle que d'avoir accueilli l'impérissable *Parisienne* de Becque, certains ouvrages de Meilhac et d'avoir tenté de renouveler le répertoire moderne. L'écueil, c'est que les artistes de Perrin, habitués à ne jouer qu'un théâtre de tradition et de convention, n'avaient pas toutes les qualités pour mener à bien d'aussi intéressantes tentatives ; fatalement, la fantaisie leur manquait : l'interprète rêvée du théâtre de Meilhac et Halévy et de la Clotilde Lafont d'Henry Becque n'était pas là. Qui sait si certains engagements d'artistes n'entraîneraient pas l'entrée au répertoire de bien des ouvrages?

Cette réserve faite, peut-on blâmer la direction présente d'avoir reçu[1] M. Richepin avec *Par le Glaive* et *le Flibustier, Vers la Joie* et *Martyre;* M. Jules Lemaître avec *Mariage Blanc* et *le Pardon;* M. Henri Lavedan avec *Une Famille et Catherine;* M. Paul Hervieu avec les *Tenailles* et la *Loi de l'Homme;* MM. Silvestre et Eugène Morand avec *Grisélidis;* M. François de Curel avec l'*Amour brode;* MM. Bergerat et Camille de Sainte-Croix avec *Manon Roland;* M. Brieux avec l'*Evasion* et *le Berceau;* M. Maurice Donnay avec le *Torrent;* M. Jules Case avec la *Vassale;* d'avoir entr'ouvert les portes du théâtre à M. Georges de Porto-Riche avec la *Chance de Françoise,* à M. Rostand avec les *Ro-*

1. Les ouvrages, représentés depuis 1899, ne figurent pas sur cette liste.

manesques, à M. Bouchor avec *Conte de Noël* et à M. Catulle Mendès avec la *Femme de Tabarin*? N'a-t-on pas rendu à Guy de Maupassant le plus juste hommage en mettant à la scène la *Paix du Ménage*, et, plus récemment, *Histoire du Vieux Temps*? N'a-t-on pas fait une place aux traductions, avec *Hamlet*, *Othello*, *Antigone* et la *Mégère apprivoisée*?

Est-ce à dire qu'on ait négligé Augier, Dumas, Sardou, Pailleron, Meilhac, Halévy? Non certes, mais de là à insinuer qu'on s'est uniquement adressé à l'Académie dont on aurait fait les affaires, il y a loin.

D'aucuns, entrant dans des détails, ont conté que c'est la direction actuelle qui remonta *Philiberte* d'Augier, quand c'est, au contraire, la direction précédente qui remit l'ouvrage à la scène pour les débuts, d'ailleurs très heureux, de M⁽ᵐᵉ⁾ Emilie Broisat. N'est-ce pas encore Perrin qui ouvrit toutes grandes les portes du théâtre à Pailleron? N'est-ce pas lui qui, en 1881, aux beaux soirs du *Monde où l'on s'ennuie* agrémenté du *Dernier Quartier*, lui octroya les 15 % complets de droits d'auteurs?... D'où un rappel formel au règlement...

Certes, Octave Feuillet eut, en ces dernières années, *Chamillac* et *Montjoye*, mais n'est-ce pas Perrin qui avait prolongé les représentations du *Sphinx* et maintenu *Julie* au répertoire avec *Un Cas de Conscience, le Village, le Cheveu Blanc, le Pour et le Contre, les Portraits de la Marquise?*

Les mêmes critiques ne proclament-ils pas aujourd'hui que jamais les représentations d'*Adrienne Lecouvreur* et de *Bataille de Dames* ne furent plus nombreuses que sous la direction actuelle? Il y a là une erreur et j'ajouterai que nul plus que Perrin n'eut le respect du théâtre de Scribe. Il nous offrit *Une Chaîne, Oscar, Bertrand et Raton*, quand ce n'était pas *Valérie*... Il ferait beau de voir qu'on songeât aujourd'hui à de telles reprises! C'est encore lui qui, rendant hommage à Camille Doucet, reprit les *Ennemis de la Maison*, remplacés plus tard par l'inoffensif *Fruit défendu*...

Peut-on, enfin, faire un grief à la direction présente de s'être emparée de *Froufrou* et de *l'Autographe*, d'avoir joué *Thermidor* et de ne point dédaigner *Patrie?* N'est-ce pas un honneur que d'avoir donné *Francillon*, d'avoir maintenu au répertoire *le Demi-Monde* et *l'Etrangère*, d'y avoir installé le *Père Prodigue*, *l'Ami des Femmes*, *Diane de Lys*, *la Visite de Noces* et d'avoir tenté l'annexion de la *Princesse Georges?...*

La vérité est que la Comédie a toujours été et sera toujours le théâtre de l'Académie, et Perrin lui-même qui n'était cependant ni un auteur dramatique, ni un romancier, ni un journaliste, mais un excellent directeur de scène subventionnée, n'en appartenait pas moins à l'Institut.

Pour ce qui est des comédiens, les mêmes adversaires, décidément trop moroses, pensent-ils que le système consistant à établir un roulement pour les rôles soit funeste? J'ai cité tout à l'heure l'article 54 du décret, dont on a bien fait d'assurer l'exécution. Aujourd'hui, Poirier est joué par M. Coquelin cadet, M. Leloir; Hernani, par M. Mounet-Sully, M. Albert Lambert, M. Fenoux; le marquis de Presles, par M. Worms, M. Baillet, M. Le Bargy. De même pour les rôles du répertoire classique : don Diègue du *Cid*, par exemple, est joué par M. Silvain et, à son défaut, par M. Paul Mounet; Alceste a pour interprètes M. Worms, M. Leitner, M. Delaunay fils ; Célimène : Mᵐᵉ Marsy, Mᵐᵉ Barretta ; Henriette des *Femmes Savantes* : Mᵐᵉ Barretta, Mˡˡᵉ du Minil, Mˡˡᵉ Berliny, Mˡˡᵉ Leconte ; les comiques sont tenus, à tour de rôle, par MM. Coquelin cadet, Truffier, Féraudy, Leloir, Berr[1]. C'est la plus sage des méthodes, dans un théâtre qui, chaque jour, varie son affiche.

Il est fort possible qu'on ait été trop loin dans ces tours de rôles et qu'on ait abusé des distributions exclusivement jeunes, sans suffisamment *encadrer* les débutants qui ont besoin d'être menés au feu par leurs vétérans. Mais tout compte fait, on peut enrayer ce courant. Avec Perrin, si la bataille était gagnée, c'est qu'en réalité il n'y avait pas lutte... Hors les sociétaires à part entière, pas de place, et voilà pourquoi on en est réduit aujourd'hui, les sociétaires d'Emile Perrin s'en allant tous, les uns après les autres, à rendre responsable l'administration présente de fautes qui ne lui sont pas

---

[1]. Ce tableau de troupe est celui de 1899. Des artistes qui, comme M. Worms, Mᵐᵉ Barretta et Mˡˡᵉ Marsy, ont pris leur retraite, y figurent. D'autres, au contraire, dont les débuts sont récents, n'y sont pas inscrits.

imputables. Perrin a été un *directeur* incomparable, un metteur en scène sans égal; il a eu l'art de deviner les comédiens et de les former; il a dirigé, il n'a pas administré; il a gouverné, il n'a pas prévu.

* * *

Il y a plus. L'imprévoyance de Perrin, son obstination à fermer les portes de son théâtre à une école nouvelle qui ne demandait qu'à se produire, le souci extraordinaire, bien qu'excessif, qu'il apportait à la mise en scène, tout cela ne serait rien si des mœurs théâtrales nouvelles ne s'étaient introduites chez nous, si les tournées n'avaient pris une telle extension, les étoiles une telle importance et la concurrence des scènes voisines une telle force.

Là est le mal : il n'est pas autre part, et le plus grave, c'est que ce mal est sans remède.

On ne peut rien contre la concurrence, chaque jour plus périlleuse, des théâtres voisins : on ne peut rien contre M. Coquelin qui s'installe à la Porte Saint-Martin ou Mme Sarah Bernhardt Place du Châtelet; on ne peut rien contre les dramaturges qui, autrefois, allaient tout droit frapper aux portes de la Comédie et qui, aujourd'hui, les genres étant confondus, s'en vont les uns au Gymnase ou au Vaudeville, les autres à la Porte Saint-Martin ou chez Mᵐᵉ Sarah Bernhardt, certains de trouver, ici et là, une large hospitalité.

Les tournées n'ont pas seulement ruiné nos théâtres de province, dont l'exploitation n'est plus possible et qui ne peuvent vivre qu'avec les fortes subventions des municipalités: les tournées de Mᵐᵉ Judic d'abord, puis celles de Mᵐᵉ Sarah Bernhardt, de Mᵐᵉˢ Réjane, Granier, Jane Hading, ont montré aux sociétaires de la Comédie-Française la pire des routes. C'est M. Coquelin qui a donné le signal, exigeant une liberté entière, quittant la Comédie, y rentrant, la quittant une fois encore, et, finalement, après bien des discussions, en sortant tout de bon, indemne, sain et sauf, n'en faisant pas moins une concurrence directe à son ancien théâtre avec *Cyrano de Bergerac*. Qui nous dit que demain M. Mounet-Sully ne suivra pas la même route et n'exigera pas que la Comédie fasse pour lui ce qu'elle a fait pour son illustre camarade?

Qui nous dit qu'il ne fondera pas, en compagnie de son frère M. Paul Mounet et de quelques autres tragédiens de bonne école, un théâtre où il ressuscitera le drame qu'ont emporté les Taillade, les Dumaine et les Lacressonnière, et où il jouera la *Tour de Nesle* ou *Angelo*, la *Closerie des Genêts* ou *Quatre-vingt-treize*?

Perrin n'a pas connu ces concurrences qui, aujourd'hui, enlèvent au répertoire de la Comédie des auteurs comme Dumas, Sardou, Rostand et font tomber, chaque soir, dans des caisses qui n'ont rien de commun avec celle des sociétaires, quinze ou vingt mille francs.

Citerai-je d'autres exemples? Voici Mmes Sarah Bernhardt, Réjane et Jane Hading, toutes promenant à travers la France et l'étranger les œuvres, qui forment le répertoire même de la Comédie. A Paris, elles n'ont pas le droit de les jouer; mais où est la loi qui leur défend d'interpréter toutes trois, le même soir, *Froufrou* à Vienne, à Londres et à Saint-Pétersbourg? Où est la loi qui empêche Mme Hading de jouer, le lendemain, toujours à l'étranger, la Dona Clorinde de *l'Aventurière* et la Mistress Clarkson de *l'Étrangère*, pendant que Mme Réjane joue, dans la même ville, la Clotilde de la *Parisienne*?

C'est encore la concurrence, moins directe à coup sûr, mais réelle en somme. Les provinciaux et les étrangers qui, de passage à Paris, se rendent à la Comédie et y entendent *Froufrou* qu'ils ont applaudie chez eux avec nos étoiles, font tout naturellement une comparaison qui n'est pas toujours à l'avantage de notre première scène... Là est le triomphe de la tournée. L'étranger voit, sans se déranger et à bon compte, nos plus belles œuvres interprétées par nos meilleurs artistes, alors que ces plaisirs là nous sont interdits.

A cela, les détracteurs de la Comédie ne manquent pas d'objecter qu'une maison organisée comme le Théâtre-Français doit résister à tous les chocs. Ils ajoutent que, plus d'une fois, en ces dernières années, la Comédie a laissé échapper des ouvrages supérieurs comme *Amoureuse* et *Rosine*, qu'elle n'a pas appelé assez tôt à elle l'auteur d'*Amants*, qu'elle a refusé le *Prince d'Aurec*.

Il est indéniable que le Comité de lecture, tel qu'il est compris, peut commettre des erreurs[1]. On a cherché à en modifier la composition et même le but, et, tout pesé, on n'a pas encore trouvé le moyen de mieux faire... Mais là n'est pas, quant à présent, la question. Il s'agit de savoir si, entre tous les ouvrages soumis à son appréciation, le Comité en a laissé partir beaucoup, vraiment dignes d'être retenus. Passe pour le *Prince d'Aurec* qui, tôt ou tard, s'installera au répertoire de la Comédie, mais ni la charmante *Rosine* de M. Alfred Capus, ni la triomphante *Amoureuse* de M. de Porto-Riche n'avaient été soumises au Comité, et je ne sache pas que M. Donnay y ait présenté un autre ouvrage que le *Torrent*... Quant à *Pour la Couronne* et au *Chemineau*, parfaitement dignes du premier théâtre français, qui sait si ces ouvrages n'étaient pas mieux à leur place au Second ? Encore une fois, et on ne saurait trop le redire, les théâtres voisins assurent aux auteurs de tels avantages que ceux-ci ne savent pas résister : c'est la certitude d'une représentation prochaine, alors qu'à la Comédie, il leur faut attendre des mois et des années ; c'est l'appât

---

1. Voir page 52 les modifications.

d'une étoile qui lancera la pièce pour la province et l'étranger.

Et cette confusion des genres est générale; cette révolution est telle que les directeurs, pris de peur, ne savent s'ils doivent aller en avant ou reculer. Aux tournées, aux étoiles, à la multiplicité des théâtres, est venu s'ajouter le Théâtre Libre; j'entends par là non pas celui d'aujourd'hui, si sagement géré, mais celui qui ne donnait à un public spécial qu'une seule représentation d'une œuvre particulière et qui n'en a pas moins créé quelque incertitude et quelque confusion dans l'esprit du spectateur... Lentement, l'évolution s'est faite; le Parisien, moins friand d'ouvrages conventionnels, s'est éloigné du vaudeville et du mélodrame pour réclamer une part plus grande de vérité et d'observation. Ce n'est sans doute pas un mal, mais peut-être a-t-on été trop vite en besogne. On a sacré grands dramaturges des écrivains qui n'étaient que des romanciers distingués : on a accoutumé le public à la pièce-roman, comme si chaque genre n'avait pas ses règles, comme si les qualités du dramaturge étaient celles du romancier. On a été plus loin encore : on a demandé au spectateur d'aller au théâtre pour s'y instruire, quand il n'y allait jadis que pour s'y distraire. On l'a habitué à la pièce-commande, jouée par une étoile, toujours la même, sans laquelle il semble qu'il ne soit plus de pièce possible. On n'imagine guère, en effet, une pièce au Vaudeville sans Mme Réjane ; aux Variétés, sans Mme Jeanne Granier ; au Théâtre Sarah Bernhardt, sans Mme Sarah Bernhardt elle-même ; à la Porte-Saint-Martin, sans M. Coquelin. Et quand, par malheur, le directeur, privé de l'étoile partie en tournée, monte une pièce sans elle, le public ne vient plus : les bonnes pièces, solidement jouées par une troupe d'ensemble, ne donnent plus rien : l'étoile est indispensable...

Il n'y a rien à faire contre un tel état de choses : c'est le théâtre en pleine déroute, c'est le théâtre à l'anglaise, à l'américaine, c'est le théâtre, trois mois ouvert durant la saison à la mode, s'implantant chez nous et culbutant les institutions théâtrales les plus fortes, qui paraissaient être à l'abri d'aussi formidables concurrences...

*
* *

J'ai indiqué et examiné, chemin faisant, les

deux causes essentielles de la décadence, heureusement apparente, de la Comédie; mais il faut tout dire : les rangs de la troupe de la Comédie se sont singulièrement éclaircis depuis dix ans par les disparitions successives d'artistes sur lesquels on était en droit de compter. C'est d'abord Jeanne Samary qui nous a été enlevée, l'inimitable soubrette de Molière et de Regnard, l'interprète exquise de Pailleron; puis c'est Mlle Ludwig, toute désignée pour remplacer l'artiste regrettée, et, en même temps qu'elle, la jeune Mlle Thomsen; c'est, entre temps, la charmante Céline Montaland, c'est Thiron parti avant l'âge, en plein talent, — et quel talent! — c'est Marais, qui pouvait rendre de sérieux services dans le répertoire et la comédie moderne...

A toutes ces disparitions, dont la direction actuelle a subi l'effet, s'en est ajoutée, cette année, une autre, celle d'un critique, du critique de la Comédie-Française, du critique qu'on a appelé, le critique national : Francisque Sarcey.

On pouvait aimer ou ne pas aimer l'écrivain, discuter ses idées, combattre ses tendances, mais ses adversaires eux-mêmes sont bien contraints de déclarer que, pour la Comédie-Française, il était devenu un appui, une force. C'est lui qui, bon gré mal gré, défendait ce théâtre. C'est lui qui, l'été, tandis que les débutants s'essayaient dans les grands rôles, prodiguait ses encouragements soulevait des polémiques; c'est lui qui, sans cesse, ramenait son public à un seul théâtre, j'allais dire à un seul but : la Comédie-Française. C'est vers cette maison qu'il voulait que tous les yeux fussent tournés, ceux des spectateurs, des auteurs et des comédiens. Il en parlait, avec conscience, avec science et aussi avec joie. Il l'aimait et — écoutez ceci! — il y allait. En n'acceptant pas son buste sous prétexte que c'est l'image d'un simple critique, le comité du Théâtre-Français a fait preuve d'une singulière ingratitude...

II

DÉCRETS ET ORDONNANCES

DIVISION DES PARTS — PENSIONS ET RETRAITES
LES EMPLOIS — LES DÉBUTS
LES AUTEURS ET LEURS DROITS — LES CONGÉS

Les règlements de la Comédie-Française sont au nombre de trois : le premier, c'est le décret rédigé au quartier impérial de Moscou, le 14 octobre 1812, signé des noms de Napoléon et du duc de Cadore ; le second, c'est le décret fait à Paris, à l'Élysée National, le 27 avril 1850, signé de Louis Napoléon Bonaparte et du Ministre Baroche ; le troisième, c'est le décret fait au Palais de Compiègne, le 19 novembre 1859, signé de Napoléon et du Ministre Achille Fould.

C'est le décret de 1812, celui de Moscou, qui

assure la stabilité de la Comédie-Française. Bien que la date de 1680 ait été fidèlement maintenue sur ses affiches, la Comédie n'était fondée définitivement que le 14 octobre 1812. Ce jour-là, elle devenait une institution d'État.

Les décrets de 1850 et de 1859 sont additionnels : celui de 1859 concerne les droits d'auteurs ; celui de 1850 vise la situation des sociétaires après une période de dix années de service et fait du Commissaire près la Comédie-Française un administrateur général, dont les fonctions sont définies d'une façon précise...

Administrateur et non directeur ; là encore il y a malentendu. Si gouverner c'est prévoir, diriger n'est pas administrer. D'un administrateur vouloir faire un régisseur qui, installé de midi à six heures dans un guignol d'avant-scène, indique « les passades », montre les « à droite » et les « à gauche », surveille les côtés « cour » et « jardin », c'est dénaturer la fonction, c'est la rabaisser.

Je n'irai pas jusqu'à prétendre que le devoir du directeur est de ne pas paraître à l'avant-scène, de rester en son cabinet, d'y recevoir les auteurs et les artistes, leurs demandes et leurs réclamations ; mais je ne puis oublier que la Comédie est un théâtre spécial, le seul où les mots actionnaires et commanditaires ne troublent pas les règlements, où l'administrateur est le représentant direct de l'État auprès des auteurs et des artistes ; je ne puis surtout oublier — et là est le malentendu — que ce qui est possible dans un théâtre de genre dirigé par un entrepreneur commercial, ne l'est pas à la Comédie où beaucoup de sociétaires sont professeurs au Conservatoire et n'entendent point être gênés, durant les répétitions, dans leur façon d'enseigner une scène, une phrase, un mouvement.

Il y a là encore une situation nouvelle, que n'a pas connue Perrin et dont il n'a pas senti l'effet.

Autrefois, la nomination de professeur au Conservatoire était, pour un comédien, le couronnement de sa carrière. On savait que l'artiste, occupé par le professorat, était dans l'impossibilité de se consacrer entièrement au théâtre et, avec beaucoup de sagesse, on choisissait, pour l'enseignement, les artistes les plus anciens dont la carrière était presque terminée.

Les choses ont changé. Aujourd'hui, un artiste ayant dix ans de théâtre est, pour peu qu'il ait eu quelques importantes créations, appelé à cette chaire de comédie, illustrée par les Régnier, les Samson, les Provost, les Bressant, les Monrose, et plus tard par les Got, les Delaunay et les Worms. Or la jeunesse, qui est la première qualité du comédien, n'est-elle pas un défaut pour un maître destiné non seulement à enseigner les principes de son art, mais à rappeler ce qu'il a vu lui-même? Il y a, pour le répertoire classique, une tradition dont on a exagéré l'importance, mais qui est nécessaire. Cette tradition se recueille et se transmet aux plus jeunes. On n'enseignera Alceste ou Tartuffe, Célimène ou Elmire, que si l'on a vu, tour à tour, les artistes de premier rang s'essayer et s'installer dans ces rôles.

N'y aurait-il pas aussi avantage à ne pas éloigner des chaires de déclamation certains comédiens, sous prétexte qu'ils ne sont pas sociétaires de la Comédie-Française? Le Conservatoire n'a pas donné que des sociétaires de la Comédie! C'est lui faire la part bien modeste et lui assigner un but qu'il ne peut avoir. Il a donné : Mme Sarah-Bernhardt, Mme Réjane; il a donné Mlle Léonie Yahne, M. Lucien Guitry, M. Tarride, et tant d'autres. Ce fut un chagrin du comédien Saint-Germain que de ne pas avoir été professeur du Conservatoire. Combien d'artistes des théâtres de genre, ayant passé par l'École, étaient faits pour occuper ce poste! M. Coquelin, l'artiste classique par excellence, n'y avait-il pas sa place marquée?

Avec des comédiens, qui sont des maîtres avant l'âge et qui, tous, ont leur méthode et leurs idées, il est difficile, pour un administrateur désireux d'avoir la paix intérieure, d'intervenir lui-même dans des questions de mise en scène qui soulèvent de longues discussions. Le plus sage est encore de confier au *semainier*[1] la surveillance des ouvrages du répertoire et de charger un artiste, agréé par l'auteur, de monter la pièce nouvelle. L'écueil, autrefois après le départ de Régnier qui, avant d'être directeur de la scène à l'Opéra, remplissait ces fonctions à la Comédie-Française, c'est que le

---

1. Une judicieuse réforme a été faite cette année même : on a supprimé les semainiers et on a confié les fonctions qui leur incombaient à M. Prudhon, nommé inspecteur général.

semainier — sous-administrateur d'une semaine — donnait ses conseils, développait ses théories et défaisait, non sans malice, le travail du semainier précédent.

Dans une maison, qui est devenue plutôt un théâtre de professeurs que de comédiens, mieux vaut laisser un artiste maître absolu de ses répétitions et de sa mise en scène. Reprocher à l'administrateur de ne pas faire la cuisine de son théâtre, c'est, ne pas se rendre compte d'un nouvel état du théâtre, qui a gagné jusqu'à l'enseignement même de l'art dramatique.

* * *

La division des parts des sociétaires, les pensions et les retraites forment la seconde partie du décret.

Le produit des recettes, tous frais prélevés, est divisé en 24 parts. Deux de ces parts sont mises en réserve : une est affectée aux besoins imprévus; une demi-part est employée aux frais de décoration, costumes et réparations ou entretien de la salle; une autre demi-part est mise en réserve pour augmenter le fonds des pensions.

Les 22 parts restantes sont réparties entre les sociétaires, depuis un huitième de part jusqu'à une part entière, qui est le maximum.

On a fait remarquer, à ce propos, que les parts des sociétaires étaient inférieures à celles d'autrefois... C'est que Perrin tournait le décret. Ses sociétaires retraités laissaient des parts vacantes; mais il se gardait bien de remplacer ces retraités : il se contentait de distribuer les parts aux sociétaires en activité. En 1872, les bénéfices étaient partagés en 15 parts 1/2; en 1875, en 17; en 1877, en 18; en 1880, en 16; en 1881, en 17. On était loin alors des 22 parts réglementaires du décret de Moscou!...

Moins il y a de sociétaires, plus la part de chaque sociétaire est forte. C'était la formule de Perrin et le Comité d'administration, plein de reconnaissance envers un directeur qui faisait si bien ses affaires, se laissait aller, contre tout règlement, à lui voter une part supplémentaire : il lui en eût voté trois, quatre, cinq, à l'infini.

Rien ne s'oppose, il faut le dire, à ce que l'administrateur participe aux bénéfices de la Société. D'après l'article 9 du décret de 1850, l'administrateur a droit : 1° à un traitement égal au maximum de l'allocation annuelle d'un sociétaire; 2° à une part dans les bénéfices nets, égale à deux fois le maximum d'une part de sociétaire.

L'administration actuelle a senti ce danger, et, sur sa demande même, en 1885, l'administrateur général était nommé avec des appointements fixes.

Il y a quelques années seulement, le Comité proposa qu'on revînt à l'ancien système. C'était, en réalité, un hommage qu'il rendait à son Président; mais étant donné le fonctionnement même de cette institution d'État, on se demande s'il ne serait pas préférable que l'Administrateur fût un fonctionnaire à appointements fixes, comme les Directeurs de nos grandes Écoles[1].

Le décret de 1850 n'a pas modifié le chiffre de 22 parts. Toutefois, il a été décidé que chaque sociétaire aurait droit à des *feux* et à une allocation annuelle, calculée proportionnellement à la quotité de la part sociale et payable, non plus par huitième, mais par douzième.

Un sociétaire qui a aujourd'hui 4 dou-

---

1. L'ancien règlement a été repris et l'Administrateur général ne touche plus la part de sociétaire.

zièmes de part a 4.000 fr. d'appointements par an ; celui qui a 6 douzièmes 1/2 a 6.500 fr.; celui qui a 12 douzièmes, c'est-à-dire la part entière, a 12.000 fr.

A ces appointements il faut ajouter les *feux*, qui s'élèvent, pour les sociétaires seuls, à 10 fr. par soirée lorsque le sociétaire joue une pièce ; à 15 fr., lorsqu'il en joue deux ; à 50 fr., lorsqu'il joue en matinée. Le pensionnaire a des appointements fixes, déterminés par l'administrateur général ; il ne touche des *feux* que pour les matinées et ces *feux* sont de 20 francs.

La part annuelle, qui varie suivant les bénéfices, n'est donnée que par moitié à chaque sociétaire : l'autre moitié est versée chaque année dans une maison de crédit. Ces moitiés réunies forment ce qu'on appelle les fonds sociaux. Ceux de MM. Got, Delaunay, Maubant, Febvre, Thiron, Barré, Laroche, Mmes Madeleine Brohan et Reichenberg se sont élevés à des sommes énormes et leur pension de retraite n'en a pas été diminuée. Les artistes qui, comme Mme Sarah Bernhardt, ont quitté la Comédie avant le temps réglementaire, perdent leurs fonds sociaux

On le voit : la force de la Comédie-Française est dans le fonctionnement de ses pensions et de ses retraites. L'artiste, du jour où il est nommé sociétaire, devient un artiste d'État; son existence est assurée. C'est un fonctionnaire et un fonctionnaire heureux.

.*.

Les tableaux des appointements, des parts, des pensions et des retraites montrent que la Comédie-Française est riche et que sa prospérité n'a pas diminué sous l'administration présente. D'aucuns, cependant, consultant ces tableaux, ont demandé pourquoi et comment un sociétaire qui joue vingt fois dans une année, touche des appointements deux, trois, quatre fois supérieurs à ceux d'un artiste qui joue constamment dans toutes les pièces classiques et modernes. Il n'est pas inutile de répondre que la théorie des « services rendus » est de rigueur dans un théâtre qui vit et prospère par l'ensemble de sa troupe et où la vedette n'a pas place. Combien de comédiens, quand ils ne joueraient que deux ou trois fois par mois et ne se présenteraient au public que dans des rôles classiques, — qui sont devenus leurs — ne coûteraient pas encore trop cher à cette Comédie, à laquelle ils ont rapporté tant d'argent et de gloire! Mais les jeunes sociétaires courent après la part entière; ils oublient qu'il est des artistes qui, même vieillis, sont encore des forces pour un théâtre, relèvent une représentation et lui donnent de l'éclat.

Le système des pensions et des retraites, tel que l'indique le décret de 1812, n'en soulève pas moins d'assez sérieuses objections.

On a jugé des modifications indispensables. Ainsi en 1850, par un nouveau décret, il a été décidé qu'après une période de dix années de service, il serait statué de nouveau par le Comité d'administration sur la situation de chaque sociétaire..... On reconnaissait que ce Comité pouvait commettre des erreurs, se tromper sur l'avenir d'un comédien, et on lui laissait la faculté de revenir sur des décisions antérieures. Le cas s'est présenté autrefois pour Mlle Dudlay : il s'est renouvelé plus récemment pour Mme Emilie Broisat.

Il est, d'un autre côté, inadmissible qu'un

comédien, qui entre tardivement à la Comédie et a déjà fait une longue carrière dans divers théâtres où il s'est enrichi, soit, du jour où il est nommé sociétaire, soumis à la même règle et aux mêmes faveurs que l'artiste ayant toujours appartenu à la Comédie, pensionnaire, puis sociétaire à quart de part, puis, après bien des années, sociétaire à part entière. C'est l'objection, très juste, qu'on fit, lors de son entrée à la Comédie, à Mme Céline Montaland, déjà célèbre par les succès qu'elle avait remportés sur les scènes du boulevard. Les législateurs de 1850 n'avaient pas prévu ce cas.

Une objection analogue était présentée à Garraud, qui fut un comédien si consciencieux et si honorable, et que le Comité voulait laisser pensionnaire, sous prétexte que, par le fait de sa nomination au sociétariat, il aurait droit, du jour au lendemain, à une trop forte pension. Garraud n'en fut pas moins, après une longue attente, élu sociétaire; mais de vieux serviteurs, de solides comédiens, comme MM. Martel et Dupont-Vernon, ont été moins heureux que lui : il paraît qu'ils auraient encombré les pensions !... Il y a là un point qui reste confus et que les décrets successifs n'ont pas suffisamment éclairci.

Enfin, toute l'affaire Coquelin, si périlleuse pour l'avenir même de la Comédie-Française, est venue de là. Comment expliquer que l'article 12 du décret de Moscou soit formulé en ces termes : « Tout sociétaire contractera l'engagement de jouer pendant vingt ans : après vingt ans de services, il pourra prendre sa retraite » et qu'à ces termes précis, M. de Rémusat, le véritable préparateur et auteur de ce décret de Moscou, ajoute cette addition : « à moins que le surintendant ne juge à propos de le retenir »? Quelles armes M. de Rémusat a fournies là au sociétaire qui veut s'en aller courir le monde! Ainsi, et les défenseurs de M. Coquelin n'ont pas manqué de se servir de l'argument : il suffit de la volonté et du simple caprice d'un surintendant, pour qu'un artiste soit congédié ou retenu! L'auteur du décret, sans motif valable, a annihilé l'autorité du Comité d'administration : il a ouvert la porte à toutes les exceptions. C'est M. de Rémusat — s'en serait-il douté? — qui a provoqué l'affaire Coquelin...

.*.

De tels règlements ne doivent pas être revisés, mais ils peuvent être adoucis. La situation du comédien, et particulièrement celle du sociétaire de la Comédie, ne s'est-elle pas modifiée ? Un sociétaire à part entière, dans les années moyennes, gagne trente à quarante mille francs. C'est beaucoup si l'on considère ce que touchaient les sociétaires d'il y a trente ans ; ce n'est pas assez si l'on songe que le métier de comédien, les concurrences aidant, est devenu, peu à peu, le plus lucratif des métiers... Les artistes, que l'administration actuelle voudrait engager, ne peuvent entrer à la Comédie, faute de gros appointements assurés.

Ajouterai-je que les sociétaires cèdent difficilement leurs rôles, leurs places, leurs fructueux partages ? Autrefois, c'étaient les sociétaires de Perrin qui empêchaient les pensionnaires de se produire ; maintenant qu'on a rétabli les tours de rôles et qu'on a donné aux jeunes comédiens le moyen de se montrer davantage, ce sont les artistes des théâtres voisins à qui les sociétaires ouvrent difficilement la porte. Que de fois l'administrateur a dû lutter pour engager certains comédiens de talent! Que de résistances il rencontrera demain encore!

。*。

Les emplois!... Un bien gros mot dont la signification devient indécise depuis qu'ils ont été confondus. Mais il y aurait mauvaise grâce à rendre responsable de cette confusion la direction actuelle.

L'article 46 du décret de Moscou indique que le surintendant doit déterminer la distribution exacte des différents emplois et dresser un état général de toutes les pièces soit vues, soit à reprendre, avec les noms des acteurs et actrices sociétaires qui doivent jouer en premier, en double et en troisième, les rôles de chacune de ces pièces, selon leur emploi et leur ancienneté, afin qu'il n'y ait plus aucune contestation à cet égard. L'article 7, fortifiant celui-ci, indique que nul artiste ne pourra tenir en premier deux emplois différents. Mais ici comme pour les pensions et retraites, il est une addition qui autorise toutes les exceptions. Cette addition est conçue en ces termes : « ... sans une autorisation spéciale du surintendant qui ne l'accordera que rarement et pour de puissants motifs. »

Les « puissants motifs » sont tout naturellement nombreux et l'exception — le rarement — devient la règle. Une fois encore, l'administrateur et le comité se trouvent en face d'un règlement dont la conception est bonne et l'application impossible. Un artiste, homme ou femme, trouvera toujours les « puissants motifs » qui l'obligeront à tenir deux emplois au lieu d'un.

Du moment qu'un règlement ouvre la porte aux exceptions, admet les recommandations, les influences extérieures et bien autre chose encore, il perd toute raison d'être. Pour qu'il soit effectif, il doit être absolu. On ne voit pas bien aujourd'hui deux sociétaires femmes faisant un procès à leur administrateur, qui n'aurait pas respecté les articles 46 et 47 du décret et aurait confondu leurs emplois !...

Cette classification était, dans l'idée même des rédacteurs du décret, particulièrement importante ; peut-être même a-t-elle donné lieu, dès le début, tant elle est spécieuse, à des contestations. Comment établir une distinction entre Horace de l'*École des femmes* qui est un amoureux, Acaste du *Misanthrope* qui est un second amoureux, Valère de *Tartuffe* qui est un jeune premier, Clitandre des *Femmes savantes* qui est un premier rôle jeune, Almaviva du *Barbier* qui est un grand jeune premier rôle? M. Delaunay, à l'exception d'Almaviva, a tenu tous ces rôles, tous ces emplois par conséquent. Ayant joué Alceste qui est un grand premier rôle, il était donc, contrairement à l'article 47, chargé de cinq emplois différents !...

Passe-t-on aux comiques ? On constate que Pierrot de *Don Juan* est un bas comique, Petit Jean des *Plaideurs* un second comique, Mascarille de l'*Étourdi* un premier comique, Cliton du *Menteur* un premier comique marqué. M. Coquelin a tenu tous ces rôles, même Cliton, je crois, dont M. Got était titulaire. C'est donc que M. Coquelin a, contrairement à ce même article 47, tenu à lui seul quatre emplois !...

De même pour les manteaux représentés par Arnolphe de l'*École des femmes*, les financiers par Chrysale des *Femmes savantes*, les grimes par Géronte du *Médecin malgré lui*, les pères nobles par Géronte du *Menteur*, les raisonneurs par Cléante du *Tartuffe*, et — la qualification ici a bien son prix — les ventres dorés par M. Jourdain du *Bourgeois gentilhomme*. Les ventres dorés! M. Coquelin cadet est-il un ventre doré ou un financier? M. de Féraudy est-il un manteau ou un grime? M. Leloir n'est-il pas à la fois financier, grime, père noble, raisonneur, manteau et ventre doré? Que d'inextricables problèmes!...

Pour les rôles de femmes, la classification est plus générale. L'ingénue c'est Agnès; l'amoureuse c'est Henriette; la jeune première c'est Elise ou Angélique; le jeune premier rôle c'est Alcmène; la grande coquette c'est naturellement Célimène; la soubrette c'est Dorine, la mère noble c'est Philaminte. Donc, Elise est une jeune première et non une grande jeune première : Célimène est une grande coquette et Elmire, tenue généralement par l'artiste jouant Célimène, est le type du grand premier rôle! Dorine est une soubrette et Lisette, des *Jeux de l'amour*, une seconde soubrette! Mme Pierson est une mère noble quand elle joue Philaminte et devient un rôle marqué quand elle joue Arsinoë !

On ne peut, décemment, demander à un auteur de distribuer un rôle à celui-ci parce qu'il tient les jeunes premiers et non à celui-là parce qu'il est titulaire des premiers rôles jeunes !...

*
* *

La question des débuts est autrement importante.

Les débuts, dit l'article 6, n'auront pas lieu, du 1ᵉʳ novembre jusqu'au 15 avril... Les débuts, autrefois, étaient, en quelque sorte, des épreuves préparatoires : il était entendu (article 67), que les débutants ayant réussi et « annoncé des talents » seraient reçus à l'essai, au moins pour un an, et ensuite comme sociétaires. Le pensionnariat, le point est essentiel, était créé pour les artistes modestes, tenant à peine des utilités. Les pensionnaires étaient peu nombreux : de là les 22 parts à partager que Perrin, en bon directeur, réduisait à 17 ou à 18, suivant les années et suivant aussi les observations du rapporteur du budget.

Les trois débuts réglementaires n'existent réellement plus. Perrin a supprimé cette coutume et l'administration actuelle n'a pas cru devoir la rétablir. Elle avait pour but d'indiquer au lauréat du Conservatoire qu'il était digne de prendre rang dans la Compagnie et de signer l'acte de Société entre Mesdames et Messieurs les comédiens français, l'acte du 27 germinal an XII, l'acte d'association commerciale...

En même temps qu'il supprimait les trois essais, Perrin renonçait aux débuts dans le répertoire classique. S'il était certain du succès de l'artiste, vite il lui confiait le grand rôle dans la pièce unique de l'hiver. Seuls, les abonnés préoccupaient Perrin. Un artiste était-il adopté par les abonnés? C'était le sociétariat assuré pour lui.

Sarcey, dont le nom revient sans cesse sous la plume quand il s'agit de ce théâtre, n'admettait pas l'intrusion de telles coutumes. C'était une faute que de faire débuter un artiste dans un rôle moderne. Il pensait que, pour bien jouer Augier et Dumas, il fallait savoir dire Molière : selon lui, l'exercice de tragédie était indispensable... Mme Bartet ne fut, à ses yeux, une artiste incomparable que le jour où elle s'empara, et l'on sait comme, d'Armande, de Bérénice, d'Iphigénie. Quelle joie, quel triomphe, lorsqu'elle prit définitivement possession du rôle d'Iphigénie ! Elle s'y était essayée après son éclatant début dans *Daniel Rochat*, mais on retrouvait, dans l'exécution du personnage de Racine, la charmante comédienne de genre qui avait quelque peu oublié, au Vaudeville, le langage du vers. Elle renouvela l'épreuve quelques années après. Ce fut un enchantement. Elle avait alors pris contact avec ses camarades de la Comédie : elle était devenue l'Iphigénie classique, idéale, divine ! Elle était de la maison. Or, pour Sarcey, on n'était de la maison qu'après une complète réussite dans le répertoire classique. C'était la suprême récompense.

Cette théorie semble aussi rigoureusement juste que celle des « services rendus ». Les adversaires de la Comédie expriment aujourd'hui le regret que M¹¹ᵉ Lara ait été faite sociétaire sans avoir joué un seul rôle classique. Ce regret est légitime. En entrant dans cette voie, on confond la comédienne de genre avec l'artiste classique. Il ne suffit pas de jouer gracieusement *Montjoye*, le *Monde où l'on s'ennuie*,

Catherine et de passer des amoureuses gaies aux jeunes premières dramatiques : il faut savoir dire le vers de Racine et la prose de Molière. De même pour M. Dessonnes qui, premier prix du Conservatoire, a débuté dans Valréas de *Froufrou*. Les premiers préceptes de l'art de la diction ne se perdent jamais... Ni M⁰ᵉ Bartet, ni Mᵐᵉ Sarah Bernhardt, ni Mᵐᵉ Réjane, bien qu'elles aient suivi des routes différentes, ne seraient aujourd'hui ce qu'elles sont, si elles n'avaient passé par l'École de déclamation : elles ont le style et c'est là qu'elles l'ont acquis.

Peu importe si le débutant s'essaie en juillet où l'on joue beaucoup de répertoire, ou bien en janvier où l'on en donne moins. Ce qui est de toute nécessité, c'est qu'il paraisse dans un ouvrage classique et qu'il soit *encadré* par les vétérans. J'entends par là que c'est un danger de faire des distributions exclusivement jeunes, comme c'en était un, plus grand encore celui-là, de montrer sans cesse au public les mêmes comédiens estampillés. Il n'est là ni modification ni adoucissement à apporter. C'est une mesure à prendre.

Quels sont ces débutants, autrement dit comment le recrutement peut-il s'opérer? Le décret de 1812 l'avait indiqué. Il était stipulé qu'il y aurait au Conservatoire dix-huit élèves pour le Théâtre-Français, neuf élèves hommes, neuf élèves femmes. Tous les ans — tous les ans seulement — les élèves étaient examinés par les professeurs et le directeur du Conservatoire. « Ceux ne donnant pas d'espérances étaient remplacés : ceux n'étant pas encore capables de débuter au Théâtre-Français pouvaient s'engager à l'Odéon ou dans des troupes des départements : ceux à même de débuter au Théâtre-Français recevaient un ordre de début et étaient, selon leurs moyens, mis à l'essai au moins pendant un an et admis ensuite comme sociétaires. » (Je cite les termes mêmes du décret.)

Le Conservatoire était alors, le décret le montre, un lycée de musique et de déclamation. Outre que le pensionnat y a été supprimé, les rapports entre la Comédie et le Conservatoire sont moins étroits : l'Odéon n'est plus ni une pépinière, ni une école préparatoire de la Comédie : les troupes départementales ont été détruites par les tournées. On ne peut plus, en un mot, officialiser le recrutement des artistes. La Comédie les prend où elle peut et quand elle peut. La concurrence bat son plein.

Les adversaires de la Comédie, le recrutement ne se faisant plus comme autrefois, en ont conclu que jamais les engagements de faveur n'avaient été plus nombreux. Erreur! Comme l'a judicieusement fait observer mon ami et très distingué confrère, M. Henry Baüer, les vices imputés depuis soixante ans à la première de nos scènes subventionnées sont inhérents à l'institution. Il n'existe pas à la Comédie d'état critique particulier... M. Got dépeignait, d'un trait sûr et juste, l'état et le talent de ces artistes privilégiés.

— Ce sont des « subventions », disait-il.

Il avait le courage de proclamer qu'à l'aide de ces engagements exceptionnels la Comédie subventionnait les personnes qui s'y intéressaient. Ces subventions ont toujours existé. Ce sont les fonds secrets de la Comédie!...

* * *

J'arrive à la question du Comité de lecture[1].

[1]. La question du comité de Lecture de la Comédie-Française est une de celles qui ont, en ces derniers mois, le plus

La lecture des pièces nouvelles, d'après le décret, se fait devant un Comité de neuf sociétaires, choisis parmi les plus anciens. L'admission est prononcée à la pluralité des voix. Si une partie des voix est pour le renvoi à corrections, on fait un tour de scrutin sur la question du renvoi et on vote par *oui* et *non*. S'il n'y a que 4 voix pour le renvoi à corrections, la pièce est reçue. Telle est la procédure établie par les articles 68, 69, 70, 71.

Avant d'être soumises au Comité, les pièces sont adressées aux lecteurs du théâtre, deux hommes de lettres, MM. Paul Perret et Edouard Noël, qui décident de l'audition. Une exception est faite pour les auteurs déjà joués : leurs ouvrages ne passent pas par les mains des lecteurs.

Sous la direction Perrin, le Comité d'administration était le même que le Comité de lecture. Le directeur tenait à avoir sous sa dépen-

vivement préoccupé l'opinion. Lorsque cet article parut, en novembre 1899, le comité de Lecture fonctionnait comme il est ci-dessus indiqué. On sait le reste... Un essai est tenté : on en verra les résultats, on les appréciera, et il y a tout lieu de croire et d'espérer qu'une solution définitive interviendra, laquelle satisfera à la fois les auteurs et les artistes.

dance ses sociétaires — toujours les mêmes. L'administration présente, plus libérale, a jugé que le Comité d'administration avait ses attributions bien définies et que le Comité de lecture aurait avantage à réunir tous les sociétaires, sans distinction de part ou d'ancienneté. Les auteurs ne pouvaient que gagner à un tel changement et aucun d'eux ne s'en est plaint.

Reste à savoir si un fonctionnement et une composition autres ne seraient pas préférables.

Les partisans d'un Comité de lecture, composé de comédiens, prétendent que les sociétaires, étant associés et ayant des intérêts communs, sont meilleurs juges que des romanciers ou des auteurs dramatiques, qui, appartenant à des écoles différentes, apporteraient leurs idées, leurs opinions...

Les adversaires de ce système répondent qu'un artiste, quelque talent qu'il ait, considère avant tout son intérêt, c'est-à-dire son rôle. A les entendre, M. Mounet-Sully serait incapable de juger une pièce gaie, M. de Féraudy ne comprendrait rien à la tragédie. Les comédiens repousseraient la tragédie, les tragédiens auraient horreur de la comédie.

Les juges impartiaux, ceux qui ne sont ni comédiens ni auteurs, penseront que les sociétaires femmes trouveraient peut-être place dans cette réunion aux côtés de leurs camarades hommes.

On avait songé à un comité mixte composé d'auteurs dramatiques, de romanciers, de critiques, de fonctionnaires et de comédiens. C'est une solution, mais suivant l'usage, on irait prendre parmi les plus connus et les compétitions et les rivalités recommenceraient alors de plus belle... Il est des accouplements difficiles.

Un comité de comédiens, composé d'artistes hommes et femmes, est celui qui soulèverait peut-être le moins d'objections.

* *
*

Est-il d'ailleurs un théâtre où les auteurs soient mieux traités et où leurs droits trouvent plus de garanties?

La part d'auteur, dans le produit des recettes, le tiers prélevé pour les frais, était du huitième pour une pièce en cinq ou quatre actes, du douzième pour une pièce en trois actes et du seizième pour une pièce en un et deux actes (art. 72 du décret de 1812).

La part d'auteur, d'après le décret de 1859, dans le produit brut des recettes, devenait de 15 % par soirée, à répartir entre les ouvrages tant anciens que modernes. Ce sont là les termes quelque peu ambigus, du décret. Ce qui qui est à remarquer c'est que la Comédie-Française ne verse pas de droits d'auteurs lorsqu'elle joue du répertoire classique et qu'elle est le seul théâtre qui ne soit pas lié par un traité avec la Société des auteurs.

* *

Les législateurs de 1859, qui ont modifié la répartition des droits d'auteurs, auraient pu, sans inconvénient, supprimer l'article 55 du décret de 1812, suivant lequel « nos comédiens doivent mettre à la scène, tous les mois, un grand ouvrage, ou du moins deux petits ouvrages nouveaux remis ». M. de Rémusat n'avait pas prévu la concurrence non plus que les frais souvent excessifs de la mise en scène. Si les frais dépassent ceux de la direction Perrin, c'est qu'on monte trois ou quatre fois plus d'ouvrages. La mise en scène d'un drame de M. X... coûte bien plus cher que celle d'une comédie de Dumas. Qu'il y ait succès ou insuccès, les frais restent les mêmes.

Peut-être, aujourd'hui, les spectacles sont-ils trop courts : telles pièces, agrémentées naguère d'une comédie de Molière en trois ou en cinq actes, sont accompagnées d'un petit acte qui souvent est quelconque. On oublie que le spectateur de la Comédie n'est pas celui du théâtre de genre, qui paie très cher et accepte, sans souffler mot, une pièce qui ne dure que deux heures. La Comédie a le devoir de jouer beaucoup d'ouvrages et de donner ainsi à ses artistes l'occasion de se produire le plus souvent possible. Elle ne doit pas avoir de levers de rideau ; sans y prendre garde, elle s'assimile parfois à la plus modeste des scènes de genre.

Qu'il s'agisse des débuts ou des emplois, du choix des pièces ou de la longueur des spectacles, il faut veiller à ce que le spectateur, confiant et content, répète la formule banale et pieusement consacrée : « Je passe toujours une bonne soirée à la Comédie ! »

*
* *

Tout semble avoir été dit sur les congés (article 80 décret de 1812). L'affaire Coquelin, qui souleva de si longues polémiques, a clos la question. Le procès a été plaidé, le jugement rendu, l'artiste condamné, le comité magnanime; mais on a créé là un fâcheux précédent et sans doute faudra-t-il apporter des modifications au règlement. L'article 80, d'après lequel l'administrateur ne peut accorder plus de deux congés à la fois, n'est plus de mode aujourd'hui. Été comme hiver, les absences de nos comédiens se multiplient : en été, les casinos les attirent avec des cachets extraordinaires; en hiver, le Midi avec un théâtre richement subventionné. Ici, ce n'est plus un ou deux artistes de passage qu'on applaudit, c'est la troupe entière. On y a vu, non sans surprise, récemment, le *Gendre de M. Poirier*, l'*Ami des Femmes*, l'*École des Femmes*, avec des interprétations supérieures, tandis qu'à Paris les spectacles se succédaient sans trop d'à coup. La troupe de la Comédie est telle qu'elle peut se dédoubler.... C'est un avantage : c'est aussi un danger. On favorise ceux qu'on laisse partir, on mécontente ceux qu'on retient... La Comédie n'a rien à gagner à de telles expéditions non plus que le Conservatoire... Le théâtre perd ses comédiens, l'école ses professeurs. Les voyages au grand complet dans le Midi ne sont pas plus admissibles que les tournées de celui-ci en Russie et de celui-là en Italie. Un artiste de la Comédie ne fait honneur ni à son théâtre ni à son art en donnant, en province ou à l'étranger, des représentations imparfaites, entouré de comédiens de rencontre : il ne peut être apprécié à sa juste valeur que si ses partenaires sont dignes de lui. Il faut des mois à nos étoiles pour se remettre de leurs longs voyages et reprendre confiance à Paris. Que la Comédie, si elle veut faire applaudir son répertoire et ses artistes, se déplace tout entière, en corps, avec costumes, décors et matériel; mais encore ne faudrait-il pas multiplier ces voyages sous quelque forme que ce fût. Bref, les absences demandent à être réglées, non suivant le bon plaisir des artistes et de l'impresario qui les enrichit, mais uniquement, suivant les nécessités de service de la Comédie.

.·.

Avant de terminer, je prends la liberté de répondre, à cette place, non aux adversaires systématiques de la Comédie-Française, mais à M. Gustave Larroumet qui, en sa qualité d'ancien directeur des Beaux-Arts et de critique du *Temps*, n'en a que plus d'autorité pour traiter une question, qu'il connaît d'ailleurs à merveille et dont pas un détail ne lui échappe.

M. Gustave Larroumet a bien voulu m'accuser d'optimisme à l'égard de l'administration actuelle. Je crois, en effet, que la Comédie n'est pas en péril. Ceux qui la discréditent, ce sont ceux qui, les uns pour l'attaquer, les autres pour la défendre, livrent des chiffres, des inventaires et, par des campagnes quotidiennes, mettent le public au courant des faits qu'il n'a ni à connaître, ni à juger. La Comédie est un théâtre où la solidarité est une loi. La machine a-t-elle des avaries? C'est aux associés à y porter remède dans les délibérations secrètes du Comité : il ne leur appartient pas de donner des démissions bruyantes, d'en fournir à tout venant les causes et de soumettre leurs cas au public. De là est venu tout le mal. Et, puisque, nettement et sans parti pris, M. Larroumet a posé la question suivante : Quels ont été les bienfaits de la direction Perrin, quels ont été ceux de la direction actuelle? Il convient d'y répondre avec la même loyauté et en toute indépendance.

Sur le choix des ouvrages, tout a été dit précédemment. Je passe à la troupe et je remarque que les artistes de Perrin : MM. Got, Delaunay, Maubant, Coquelin, Febvre, Thiron, Barré, Laroche, Mmes Brohan, Jouassain, Edile Riquier, Provost-Ponsin, Nathalie, Dinah Félix, Pauline Granger, Emilie Guyon, Reichenberg, avaient été recrutés par Edouard Thierry.

Personnellement, Perrin prit à l'Odéon Mmes Barretta et Broisat, MM. Baillet et Truffier; au Vaudeville, Mmes Bartet, Pierson, Kalb et Montaland; il rappela M. Worms, il mit en lumière le talent de Mme Croizette; il fit sortir du rang deux admirables artistes, Mme Pauline Granger et M. Barré; mais, volontairement, il laissa dans l'ombre M. Boucher, le seul artiste, après M. Delaunay, capable de jouer les amoureux du répertoire; il fut féroce, on s'en souvient, pour Mme Favart, dont la carrière, sous la direc tion Thierry, avait été éclatante; il laissa partir Mᵐᵉ Sarah Bernhardt.

J'ai dit que la direction actuelle avait offert à la jeune école une large hospitalité. J'ai cité les titres des ouvrages et les noms des auteurs. Il ne m'appartient pas de savoir si Perrin, qui n'aimait que Dumas et aurait — le mot est de M. Bergerat — joué jusqu'à ses préfaces, se serait montré d'un éclectisme aussi généreux. Pour ce qui est de la troupe, je présente la remarque suivante : depuis 1885, et depuis cette époque seulement, M. Mounet-Sully remporte ses plus beaux triomphes dans *Hamlet, Antigone, Othello*, toutes traductions que Perrin repoussait; M. Worms, le premier comédien du théâtre, prête l'appui de son talent à tous les auteurs modernes; Mᵐᵉ Bartet s'empare des plus difficiles rôles classiques; Mᵐᵉ Blanche Pierson recueille, à la satisfaction de tous, le lourd héritage de Mᵐᵉ Brohan; M. Coquelin cadet trouve dans des types d'un modernisme charmant ses plus exquises créations; Mˡˡᵉ Muller, MM. de Féraudy et Le Bargy, leurs chefs d'emploi partis, dégagent leur personnalité et affirment leur talent; M. Leloir s'impose au public et se donne la fantaisie de jouer certains premiers rôles; M. Lambert se fait apprécier à sa juste valeur dans Ruy Blas, Hernani et tous les rôles tragiques; M. Silvain, confiné par Perrin dans les confidents de tragédie, aborde les pères nobles, Don Diègue, Burrhus, le vieil Horace, Ruy Gomez, sans quitter les raisonneurs; on va chercher, au Vaudeville, Mlle Brandès et M. Duflos; on engage M. Paul Mounet, M. Leitner, M. Laugier, Mlle Moreno, Mlle Bertiny; on produit M. Berr, Mlle Lara, Mlle Leconte, trois des plus brillantes espérances de la Comédie. J'arrête là la liste déjà longue; il faudrait citer jusqu'aux plus modestes serviteurs du théâtre.

Un théâtre, qui possède de tels artistes et tant d'espérances, n'est pas un théâtre qui se désagrège.

En étudiant les règlements de 1812, 1850 et 1859, je n'ai pas voulu faire œuvre de critique; j'ai tenu à montrer que, sans toucher à l'idée initiale des décrets, qui est excellente, quelques modifications s'imposent. Elles permettraient à l'Administration présente de la Comédie de lutter, avec plus de force, contre les maux dont mon éminent contradicteur et ami ne nie certainement pas l'importance : l'envahissement des tournées, la multiplicité des théâtres voisins et la concurrence des sociétaires retraités s'installant directeurs en plein Paris...

L'OPÉRA[1]

Janvier 1900.

Un des deux directeurs de l'Opéra, Eugène Bertrand, vient de mourir. Il semble que tout ait été conté sur lui dans les articles nécrologiques et que tout ait été dit, et éloquemment dit, sur sa tombe. Et cependant, je m'en voudrais, pour ma part, de ne pas lui rendre l'hommage que, personnellement, je lui dois. Depuis des années, je voyais cet aimable homme presque chaque jour et pas une fois nos rapports n'ont été obscurcis. Assurément nos idées n'étaient

---

[1] Au moment où cet article a été publié, l'association Bertrand-Gailhard prenait fin par suite de la mort d'Eugène Bertrand. Cette direction a donné des résultats appréciables que nous avons indiqués; mais nous avons surtout cherché à montrer comment fonctionne l'Académie nationale de musique et de danse, sans nous préoccuper des personnes.

pas toujours les mêmes, mais il mettait dans la discussion tant de courtoisie qu'il rendait la controverse presque agréable. Il apportait à l'examen des questions sérieuses un scepticisme amusant, qui forçait la sympathie de ses plus ardents contradicteurs.

Pour Bertrand — le trait vaut la peine d'être noté, — il n'y avait rien de supérieur à cet adorable théâtre de Meilhac et Halévy qui, durant ses vingt-trois années de direction triomphale aux Variétés, l'avait rendu célèbre. Il l'avait savamment étudié, adroitement pratiqué, il en connaissait les dessus et les dessous : à la longue, il en était devenu un des personnages... Il en avait la légèreté aimable, l'ironie douce, la bonhomie souriante, la sensibilité quelque peu factice, et quand, revenant heureux d'un de ces fameux déjeuners du Samedi, où, dans une maison amie, il croisait tant de Parisiens de Paris, il pouvait dire, parlant d'un homme ou d'un fait : « c'est du Meilhac ! » Bertrand croyait avoir tout dit. Que de fois, dans cette loge directoriale de l'Opéra dont il aimait à faire les honneurs, il distrayait ses hôtes en leur contant les débuts de José Dupuis, les succès de Céline

Chaumont, les triomphes de Judic ou sa première et inoubliable rencontre, rue Caumartin, devant son ancien Eden, avec Réjane !... Et le ténor, en scène, continuait, lançant un terrible regard sur son directeur inattentif, se doutant bien un peu que, dans la loge directoriale, on ne songeait guère au *Prophète* !

A la vérité, même depuis qu'il était à l'Opéra, Bertrand était resté aux Variétés. Sans oser en faire la confession, il préférait à l'imposant escalier du Palais Garnier son petit perron du boulevard Montmartre. Il avait été nommé là par surprise, posant sa candidature sans avoir de programme, espérant au fond qu'on la repousserait et que le ruban rouge panserait une défaite qu'il souhaitait. Il eut la place et le ruban. Alors commencèrent pour lui les difficultés de cette année 1892, qui fut la plus pénible de toute sa vie de directeur. Seul chef de notre première scène musicale, s'entourant de collaborateurs disparates, inaugurant à l'Opéra les représentations populaires du dimanche qui lui coûtèrent un demi-million, il avait visiblement le mal du pays, et le pays c'était le boulevard. De guerre lasse, après quinze mois d'une malheureuse solitude, il appela à son secours M. Gailhard. Bertrand n'était plus seul : il était à moitié sauvé. Mais il ne se remit jamais tout à fait de cet imprudent voyage. Il avait eu tort de déménager...

Et je puis bien aujourd'hui révéler une confidence qu'Eugène Bertrand me fit, il y a un mois à peine, le soir de la répétition générale de la *Prise de Troie*. Son rêve, c'était d'être un jour administrateur général de la Comédie-Française. Il eût retrouvé, rue de Richelieu, son Paris d'antan : les jeunes écrivains qu'il avait entrevus boulevard Montmartre et les comédiens dont il avait deviné le talent naissant... Bertrand avait été, il y a quinze ans, le directeur, le potentat, le chef suprême de toutes les scènes non subventionnées de Paris. S'il était seul aux Variétés, il était représenté au Vaudeville par son frère, M. Ernest Bertrand; au Palais-Royal par son beau-frère, M. Delcroix ; à l'Eden — l'Eden du magnifique *Excelsior*, avec Mmes Laus, Torri et Cornalba — par un associé ami; au Gymnase par Victor Koning, dont il était le principal commanditaire. Il voulait finir comme Emile Perrin : reprendre avec les auteurs dramatiques et les comédiens la vie commune et rompre définitivement avec la grande musique. C'eût été pour Bertrand le couronnement d'une carrière bien remplie.

— Et puis, reprenait-il malicieusement, comme ça, Gailhard restera seul à l'Opéra!

Le rêve que caressait Bertrand aura peut-être été le seul qu'il n'aura pas réalisé. Car cet aimable homme fut aussi un homme heureux. Remueur de projets de toutes sortes, directeur de théâtres grands et petits, propriétaire de somptueux hôtels et de modestes maisonnettes, possesseur de toute une Cité parisienne, présidant à la fois des œuvres de bienfaisance ignorées et la riche Association des artistes dramatiques, entrepreneur de travaux de tous genres, ce sont surtout les affaires dont il n'avait pas la direction effective qui le préoccupaient. Il aurait inventé le mot « actionnaire » si ce mot n'avait existé. Les partages, les dividendes, les commandites, là était son élément, là fut presque toujours aussi son succès. Ses actionnaires devenaient ses amis : ils le suivaient partout, dans la bonne et la mauvaise fortune, depuis ses Variétés qu'il légua florissantes à son très intelligent successeur M. Fernand Samuel, jusqu'au Vaudeville, où il eut l'idée heureuse de présenter un jour comme associé, à notre regretté ami Raymond Deslandes, M. Albert Carré, pour finir à l'Opéra, où il regagna rapidement le terrain perdu en 1892.

Il est facile de préciser, dans la direction Bertrand-Gailhard, la part qui revient à chacun.

Bien qu'il n'aimât que médiocrement la musique, Bertrand se tenait au courant de ce qu'il appelait l'évolution musicale. A l'Opéra comme aux Variétés, il avait ses idées, ses goûts, ses préférences. Il gardait une infinie tendresse pour la vedette. C'est lui qui, à Paris, inaugura les formidables cachets des comédiens et haussa les tarifs dans des proportions extraordinaires. Pour lui, sans vedette il n'était pas de théâtre possible. L'étoile sur l'affiche, qu'elle s'appelât Judic ou Rose Caron, Chaumont ou Calvé, Jeanne Granier ou Sanderson, Réjane ou Delna, c'était le maximum assuré : c'était, à la porte du théâtre, le flot grossissant des marchands du trottoir, signe, pour Bertrand, distinctif et immédiat des grosses recettes. La présence de l'étoile, homme ou femme, le réconfortait.

D'une indulgence devenue proverbiale avec ses artistes, Bertrand répondait lui-même, de deux à cinq heures, aux solliciteurs, pensionnaires du chant et de la danse, librettistes et musiciens, distribuant des loges à ses commanditaires et des stalles à ses locataires, prodiguant les congés, donnant à tous des espérances qui n'étaient pas réalisables, ne sachant pas assez dire non et disant trop volontiers oui, aimant à jouer la difficulté, et, en diplomate avisé, trouvant presque toujours des transactions acceptables.

Puis, l'après-midi terminée, les faveurs généreusement accordées par Bertrand, M. Gailhard apparaissait dans son cabinet directorial, brisé par une répétition orageuse. Suivant la vieille coutume, il était à l'avant-scène depuis midi, chef d'orchestre et chef des chœurs, professeur de chant et de déclamation lyrique, électricien, machiniste, costumier, décorateur, maître de ballet, dégrossissant le travail, déchiffrant la partition, découvrant une voix à celui qui n'en avait pas, jouant et chantant tous les rôles, en fabriquant s'il le fallait. Et l'illustre Cadet de Gascogne n'est pas, chez M. Gailhard, inférieur à l'impresario. Il faut l'avoir vu, débarquant en son pays, pérorant à chaque coin de rue, entassant les anecdotes, leur donnant une forme particulière suivant ses auditeurs, ménageant et calculant ses effets, forçant l'applaudissement, provoquant l'enthousiasme. Et quand il ne parle pas, il dessine! Et quand il ne dessine pas, il sculpte! Et quand il ne sculpte pas, il invente! Mais toujours il chante! Ne lui doit-on pas de nouvelles projections lumineuses qu'on a entrevues au Bal de l'Opéra et qu'on a revues à l'Exposition, où il présidait une Commission importante, ayant eu la coquetterie d'avoir comme vice-présidentes Mmes Sarah Bernhardt et Julia Bartet!

Chanteur, sculpteur, ingénieur, inventeur, politicien au besoin, que n'eût-il pas été? Mais, ainsi que l'a finement indiqué M. Adolphe Brisson dans une de ses jolies *Figures qui passent*, c'est surtout au directeur qu'il convient de rendre grâce : deux fois il a remis à flots le navire : une première fois après Vaucorbeil, une seconde en 1893, le défendant contre les tempêtes, rognant et taillant dans le vif, réduisant le gaspillage. Jamais impresario ne montra plus dévorante activité. Il est l'homme-Opéra. Chanteur il fut, chanteur il est, chanteur il restera, avec ses brillantes qualités de jeunesse et d'entrain et aussi avec ses naturels défauts de laisser-aller et de turbulence... C'est la fatalité! Leporello reprend toujours ses droits chez M. Gailhard. Et avec cela, d'une bonté charmante qui va jusqu'à la faiblesse, d'une amitié solide qui va jusqu'à l'abnégation...

Il est possible que, dans un théâtre qui est un véritable ministère, ou, si l'on préfère, une grande usine, et où les moindres actes ont fatalement une répercussion excessive, on ait parfois accordé à M. Gailhard ce qui revenait à M. Bertrand et réciproquement. Mais ne sont-ce pas les mystères de la collaboration, ne sont-ce pas les secrets mêmes du bon ménage? Car, en dépit des racontars trop intéressés, ces deux hommes de tempérament, de qualités et de défauts si différents, s'entendirent à merveille. La passivité voulue de celui-ci adoucissait l'activité nécessaire de celui-là : l'un complétait l'autre.

***

Cela dit, qui devait être dit, il ne m'appartient pas, pour des raisons qu'on devine, de rechercher si la direction Bertrand-Gailhard a été plus heureuse que la précédente et si les recettes de l'année 1899 ont dépassé celles de l'année 1898. *L'Almanach des spectacles* de M. Albert Soubies et les *Annales du Théâtre et de la musique* de M. Edmond Stoullig sont des publications que les amateurs de théâtre consulteront toujours avec profit. Jamais statistique théâtrale ne fut plus clairement établie, jamais l'histoire du théâtre de ces dernières années n'eut de conteurs plus documentés.

On dit que l'Opéra de Paris a une subvention : il serait plus juste de dire qu'il en a deux : la première, c'est la somme régulière, annuelle, votée par le Parlement, 800.000 francs ; la seconde, infiniment plus importante, c'est la subvention qu'apportent les abonnements des trois et maintenant des quatre jours. Là est la fortune de notre Opéra, qui, avant même que les chandelles soient allumées, a déjà, dans sa caisse, le lundi, le mercredi, le vendredi, une somme de dix mille francs environ, soit trente mille francs par semaine, sans compter l'abonnement à prix réduits des samedis qui est variable. On conte, non sans quelque raison, que notre Académie de Musique, en dehors de ces deux subventions, qui atteignent environ deux millions et demi, en a une troisième : *Faust*... Mais un théâtre, sagement conduit, n'a-t-il pas des ouvrages d'un rapport certain ? *Carmen* et *Manon* à l'Opéra-Comique ne sont-elles pas des subventions qui valent celle de *Faust* à l'Opéra ? Un théâtre de répertoire, qui renouvelle son affiche sans abuser des mêmes spectacles, est naturellement prospère. M. Antoine en fait aujourd'hui, en cette scène des Menus-Plaisirs naguère inexploitable, l'heureuse expérience. Le répertoire est la force d'un théâtre ; il en est aussi la fortune.

Mais il ne faudrait pas en conclure, avec Eugène Bertrand précisément, que notre Académie de Musique ne prospérera que si elle est le musée des chefs-d'œuvre de la musique. On ne conçoit pas l'Opéra ne jouant que du Wagner, du Meyerbeer et du Gounod. C'est faire la place trop maigre aux compositeurs vivants, et, pour ma part, quand je consulte le tableau des ouvrages représentés sur notre première scène musicale depuis l'ouverture du Nouvel Opéra, je ne puis penser, avec ceux qui veulent faire de l'Opéra un théâtre-musée, que l'ouvrage nouveau soit forcément condamné d'avance. C'est là une théorie parfaitement inadmissible. Peut-on, en effet, prévoir le sort réservé à un ouvrage de musique? Combien d'œuvres n'ont pas réussi pour n'être pas venues à leur heure, celles-ci trop tôt, celles-là trop tard!

Sur cette liste que trouvons-nous? Le nom de M. Massenet, avec le *Roi de Lahore*, dont les représentations ont été nombreuses : le *Cid*, qu'on a repris — et la reprise n'est-elle pas la consécration même du succès d'une œuvre? — *Thaïs*, qui, en six ans, a déjà été jouée sous trois formes différentes; le *Mage* enfin, qui, pour n'avoir eu qu'un succès d'estime, n'en fournit pas moins une honorable carrière. Voilà donc, pour M. Massenet, trois succès sur quatre ouvrages, et de bons juges ajoutent qu'*Hérodiade* n'eût pas déparé cette belle collection. M. Reyer triomphe avec *Sigurd* et *Salammbô*, qui sont maintenant, après les inévitables tâtonnements de la première heure, des ouvrages consacrés du répertoire de Paris et de l'Europe entière. L'entrée triomphale à l'Opéra de *Samson et Dalila* a dépassé toutes les espérances. *Henry VIII* n'a pas échoué, et la remise à la scène d'*Ascanio*, représenté en 1890 dans des conditions particulièrement mauvaises, ne peut tarder... Le nom de Léo Delibes — toujours sur cette liste — est inscrit en lettres d'or avec *Sylvia*, et M. Widor ne fut jamais mieux inspiré que le jour où il nous donna la *Korrigane*, qui n'a pas vingt ans! (Décembre 1880)... *Namouna* (1882) n'est pas indigne du grand nom de Lalo et l'on souhaite qu'elle accompagne quelque jour sur l'affiche le *Roi d'Ys*, que l'Opéra devait s'annexer... On a honoré Emmanuel Chabrier en montant *Gwendoline et Briseis*, et ce sont là des tentatives d'art qu'un théâtre comme l'Opéra a le devoir de faire. Le nom de l'auteur de *Mignon* avec *Françoise de Rimini* (1882), et plus tard avec la *Tempête* (1889), n'est point du tout sorti amoindri de ces épreuves, et Gounod, en écrivant *Polyeucte* (1878), le *Tribut de Zamora* (1881) et *Sapho* (1884), ne s'est pas diminué. Avec *Thamara*

(1891), M. Bourgault-Ducoudray s'est affirmé musicien de premier ordre ; *Tabarin* (1885) fit connaître au public de l'Opéra le nom de M. Emile Pessard ; *Patrie* (1886) reste l'œuvre maîtresse de M. Paladilhe.

Depuis l'ouverture du nouvel Opéra, la danse a été toujours, sur cette liste, représentée avec honneur, parfois même avec éclat, par le *Fandango*, de M. Salvayre (1877) ; *Yedda*, d'Olivier Métra ; la *Farandole*, de M. Théodore Dubois (1883) ; les *Deux Pigeons*, de M. André Messager (1886) ; la *Maladetta*, de M. Paul Vidal (1893) et l'*Étoile*, de M. André Wormser (1897).

Les productions de ces dernières années, quel que soit le résultat matériel qui n'a pas toujours été bon, ne sont nullement faites pour déconsidérer l'Opéra. Le *Messidor*, de M. Alfred Bruneau, que d'aucuns — dont je me permets d'être — tiennent pour une œuvre supérieure, n'a peut-être pas été suffisamment compris par les abonnés que le drame lyrique terrifie ; l'*Hellé*, de M. Alphonse Duvernoy, qui a d'ailleurs eu un nombre respectable de représentations, contenait des parties remarquables, et M. Paul Vidal pourrait bien, avec la *Burgonde*, avoir injustement payé le succès persistant de l'heureuse *Maladetta* et le maintien de ce ballet au répertoire de l'Opéra. Avec les ouvrages dits « prix de Rome », que, par traité, l'Opéra a l'obligation de monter tous les deux ans, on a applaudi, en cette dernière période, les noms déjà connus de MM. de la Nux (*Zaïre*), Henri Maréchal (*Déidamie*), Charles Lefebvre (*Djelma*) et Samuel Rousseau (*la Cloche du Rhin*). Consulte-t-on la même liste pour les compositeurs étrangers? On constate que depuis l'ouverture du monument Garnier, l'Opéra a donné sept ouvrages étrangers, trois de Verdi, qui peuvent être considérés comme appartenant au répertoire : *Aïda* (1880), *Rigoletto* (1885) et *Othello* (1894) ; et quatre ouvrages de Wagner : *Lohengrin* (1891), *la Walkyrie* (1893), *Tannhauser* (1895), *les Maîtres Chanteurs* (1897)[1]. Est-ce vraiment trop, si l'on songe à la place qui, depuis quelques années, a été faite en Allemagne et en Autriche à nos compositeurs français?

Il y aurait certes beaucoup à dire sur les conditions désavantageuses dans lesquelles les pièces

---

[1]. Les ouvrages représentés depuis 1899 ne figurent pas sur cette liste.

sont présentées au public, les répétitions générales étant devenues, par la force des choses, de véritables premières et les premières, où jadis se dessinait le succès d'un ouvrage, n'existant plus. On a voulu satisfaire les abonnés, la critique, les auteurs, les artistes et il se trouve qu'on a mécontenté tout le monde. Mais une bonne pièce n'est jamais devenue mauvaise du jour au lendemain, c'est-à-dire de la répétition à la première, et toutes les coupures du monde ne rendront pas acceptable un ouvrage qui ne l'est pas. Les directeurs ont une tendance à chercher bien loin les causes d'un insuccès. Est-ce que, de tout temps, à la veille d'une première, les auteurs n'ont pas accablé les directeurs de leurs réclamations et de leurs doléances? Je relisais, ces jours-ci, dans le beau livre de M. Adolphe Jullien sur Richard Wagner, la lettre que celui-ci adressait à la direction de l'Opéra avant la première de *Tannhauser*. Cette lettre, que voici, pourrait dater d'hier :

L'OPÉRA

Monsieur le Directeur,

C'est probablement par un malentendu qu'on n'a pas encore fait droit à ma demande de cent entrées pour la répétition générale de demain. Jusqu'ici, si la salle a été trop encombrée aux dernières répétitions, ce n'est point de ma faute. Pour celle d'hier, par exemple, j'ai même refusé à ma femme la faveur de m'y accompagner, pour que la répétition eût le caractère le plus intime. J'ai été fort étonné, alors, de voir la salle remplie d'individus qui m'étaient parfaitement inconnus. Je crois être dans mon droit en vous demandant, Monsieur, de m'envoyer au plus tôt cent parterres, pour placer mes amis, que, jusqu'ici, j'ai directement envoyés à cette répétition générale. En outre, je vous prie, Monsieur, de satisfaire aux demandes des ministres étrangers, pour loges et stalles, à cette même répétition de demain soir.

Agréez mes civilités empressées.

Richard WAGNER.

Les « civilités empressées » de Wagner indiquent que les choses n'ont pas changé. La vérité est que ce sont là les petits côtés de la question, et qu'aujourd'hui, comme il y a quarante ans, nos directeurs exagèrent quelque peu l'importance de leurs solennités de théâtre...

⁎

L'Opéra de Paris est une si lourde et si considérable machine qu'il est toujours facile de critiquer les détails de son organisation. Combien, parmi ceux dont les observations sont les plus justes, oseraient assumer la responsabilité de sa mise en marche? J'ajouterai, avec un de nos plus distingués rapporteurs des Beaux-Arts, M. Dujardin-Beaumetz : une machine de luxe demandant à être conduite par un industriel qui en connaît les ressorts, l'Opéra étant non seulement un théâtre d'abonnés qui lui allouent annuellement la plus grosse subvention, mais aussi le théâtre par excellence des étrangers et des provinciaux. Durant des années — M. Halanzier s'en est rendu compte — le visiteur des manufactures a admiré, le soir, l'escalier de Garnier bien plus que *Faust* ou les *Huguenots*: on l'a vu renonçant à la scène du jardin ou à la bénédiction des poignards, rôdant dans les corridors, étudiant les marches, les comptant, contemplant les bustes et les statues, tandis que Charles Garnier, le véritable auteur de ce succès prodigieux, ne touchait ni droits d'auteurs, ni droits d'assistance publique, ni primes !... Mais cette machine (17 mètres de largeur de cadre, 32^{m}30 de largeur, 35 mètres de hauteur de scène, 15 mètres de profondeur des dessous, 26 mètres de profondeur de scène et 839^{m}80 de superficie de la scène), chiffres qui n'ont été atteints ni par l'Opéra de Berlin, ni par celui de Vienne, ni par la Scala de Milan, ni par le San Carlo de Naples), cette machine, en dépit de sa grandeur, de sa beauté et de son luxe, n'est pas une caserne. Et là est l'abîme entre nos théâtres qui restent des lieux de plaisir et ceux de l'étranger qui sont des Écoles du soldat...

.·.

Oui, l'École dans la salle obscure ou sur la scène militarisée, l'école partout, l'école pour les auditeurs qui, l'entr'acte sonné — un seul durant la soirée — commentent le livret, déchiffrent la partition, quand il nous paraît si reposant, à nous, qui ne rêvons pas de casernes, de contempler une loge joliment garnie ou un fauteuil gracieusement occupé ! Loges mal installées à coup sûr, fauteuils incommodes, couloirs inhabitables, ouvreuses insupportables, dégagements insuffisants, entr'actes démesurés ! Mais tous ces vices d'aménagements, comme nous les apprécions, après une rapide tournée à travers ces monotones écoles de théâtre, sans éclat, sans charme et sans Paris !... Et sur leurs scènes, dans leurs coulisses, des numéros pour les portants et les herses, des étiquettes pour les châssis et les praticables, des sonnettes d'alarmes pour les artistes, les choristes, les figurants — je devrais dire les officiers, sous-officiers et soldats !

Devons-nous envier cette supériorité de mise en scène ou nous enorgueillir de notre supériorité d'interprétation ? Je crois bien que l'avantage est, ici encore, de notre côté. Ne sont-ce pas les partisans eux-mêmes de Wagner qui confessaient que la *Walkyrie*, *Lohengrin*, *Tannhauser* et les *Maîtres-Chanteurs* n'ont été, dans aucune ville d'Allemagne, mieux chantés qu'à Paris ? N'est-ce pas encore un wagnérien militant qui écrivait : « Il y a un mot brutal qu'il faut dire : la France est le seul pays du monde où la *Walkyrie* ait fait de l'argent. On la joue à

Berlin, rarement, comme on met des drapeaux à la fenêtre les jours d'anniversaires de victoires ; on la joue à Paris souvent, parce qu'elle y fait recette. Ne méprisez pas le public français : le *Postillon de Longjumeau* est au répertoire de l'Opéra de Vienne ; à Munich, on fait salle comble avec les *Cloches de Corneville*. Quand vous considérez, durant le troisième acte du *Crépuscule des Dieux*, le public allemand en sa silencieuse immobilité, ne prenez pas pour de la vénération ce qui n'est que de la patience ; et, le rideau baissé, *ils applaudissent ardemment à cause des Français qui sont dans la salle...* En ce qui concerne les acteurs-chanteurs, on peut affirmer que l'Opéra de Paris a de quoi nous assurer une exécution comparable et peut-être préférable à celle dont se targuent les plus grandes scènes allemandes... »

Voilà donc la supériorité d'interprétation française des œuvres allemandes et aussi la supériorité de notre public français — cet « à cause des Français qui sont dans la salle » n'indique-t-il pas le respect qu'on professe pour notre public ? — proclamées et reconnues par les wagnériens eux-mêmes !

Mais s'ensuit-il de là que l'Opéra ne doive jouer que la *Walkyrie, Lohengrin, Tannhauser* et les *Maîtres-Chanteurs*? Non, certes ! Il ne faut pas que, hors l'admirable musique de Wagner, il n'y ait plus de musique possible ; il ne faut pas surtout qu'on dise que les interprètes de Wagner sont excellents uniquement parce qu'ils sont nouveaux, parce qu'ils ne sont pas irrémédiablement imbus des vieilles méthodes et des anciens préjugés ; parce qu'ils n'ont pas encore assez souvent chanté Méphistophélès et Rachel pour s'en souvenir en chantant Wotan ou Brunehilde... Qu'on se garde, au contraire, de trop médire des vieilles méthodes et des anciens préjugés. Ce sont ces méthodes et ces préjugés, dont les interprètes de Wagner ont été nourris au Conservatoire ; et l'idéal Wotan, M. Delmas, et la non moins idéale Brunehilde, Mlle Bréval, et l'incomparable Elisabeth, Mme Rose Caron, ne seraient peut-être pas passés maîtres dans l'art de dire — ne dit-on Wagner bien plus qu'on ne le chante ? — si avant d'être Wotan, Elisabeth et Brunehilde, ils ne s'étaient, en leurs premières leçons de musique, rompus au solide répertoire de l'École française. Déjà les directeurs de l'Opéra, victimes de cette mode, n'ont plus dans leur troupe un fort ténor qui puisse chanter la *Juive* ou *Guillaume Tell*; tous, ténors légers et charmants, mais ténors de demi-teinte, beaux diseurs de la *Walkyrie* et de *Lohengrin*, ayant oublié les préceptes du Conservatoire et s'étant fabriqué des voix qui n'en sont plus... Voilà l'erreur ; le péril est dans cette absence de forts ténors à l'Opéra comme au Conservatoire, le Conservatoire suivant la mode et les professeurs tendant à tout wagnériser.

Je n'irai pas jusqu'à reprendre le fameux paradoxe d'un musicien célèbre : « Le Wagner, ce n'est que de la grande opérette », s'appuyant sur ce que Madame Materna, la parfaite interprète des principales héroïnes du musicien allemand, avait naguère chanté et avec beaucoup d'éclat la *Belle Hélène* d'Offenbach. Ses compatriotes, la jugeant parfaite dans l'Hélène d'Offenbach et, singulier rapprochement, parfaite dans la Brunehilde de la *Walkyrie*, l'applaudirent indistinctement et non pas « à cause des Français qui étaient dans la salle », mais parce que, sans s'en douter, elle déployait le même talent ici que là, parce que, fidèle à cette discipline d'interprétation dont je parlais tout à l'heure, elle ne faisait qu'une vague distinction entre les deux rôles. La discipline reparaissait toujours, et jamais je ne saisis mieux cette méthode qu'en écoutant, dans un petit théâtre de Munich, le *Barbe Bleue* d'Offenbach, où l'acteur, chargé du rôle de Barbe Bleue, chantait les couplets les plus gais de la fantaisie de Meilhac et Halévy sur le même ton, avec la même voix et la même gravité qu'il eût mis à débiter le récit du Graal de *Lohengrin*. On a si bien fait les choses qu'en disciplinant l'art et en faisant des théâtres des casernes, des interprètes des soldats, il n'y a plus, en Allemagne, qu'une seule musique, uniformément et sans nuances : la musique de Wagner.

Il faut rendre justice à la direction de notre Académie de musique qu'elle a senti le péril et combattu ce militarisme théâtral. Elle a pris à l'étranger ce qu'il fallait y prendre : elle n'en a pas pris trop. Les choristes, qui s'étaient bien tenus dans *Tannhauser*, ont, dans les *Maîtres Chanteurs*, fait des prodiges; les chefs de chant — tous grands prix de Rome — sont là à la meilleure école des chefs d'orchestre. Enfin, la magnifique représentation des *Maîtres Chanteurs*, qui restera inscrite dans les annales de l'Opéra a calmé les plus sévères. Le Saint-Bris des *Huguenots*, qui sommeille toujours en M. Gailhard, a prouvé qu'il était capable de comprendre Hans Sachs et Beckmeisser, et ce sera, pour les amateurs de la musique nouvelle, son principal titre de gloire... Et d'ailleurs, cette tendresse pour le répertoire, dont il a été un des meilleurs interprètes, ce retour aux duos et aux airs connus, cette habitude qu'il a prise de chanter, dans la loge directoriale, les rôles en même temps que les interprètes, au désespoir de Bertrand, qui tendrement pensait à Schneider et rêvait de Réjane, tous ces bons sentiments n'ont pas empêché M. Gailhard de subir la mode et aussi de la comprendre. Il a apprécié les grosses recettes de *Lohengrin*, les maximums de la *Walkyrie*, de *Tannhauser* et des *Maîtres Chanteurs* : mais il a compris et aimé *Parsifal*; il y a pleuré, et il me permettra bien, à ce propos, de publier une lettre, qu'en août 1894, il m'adressait de Luchon.

« Luchon, le 6 août 1894.

« Mon cher ami,

« Votre lettre si amicale m'a fait regretter vivement de n'avoir pu assister avec vous aux représentations de Bayreuth. J'aurais été ravi d'avoir vos impressions immédiates, car moi qui avais déjà assisté aux représentations en 1876, lors des exécutions de la Tétralogie, j'avais, à cette époque comme à présent, reçu une forte impression ; cette année, l'audition de *Parsifal* m'a enthousiasmé! Je fais mes réserves pour le *Tannhauser* et *Lohengrin*; ces deux ouvrages s'accommodent mal de l'orchestre invisible : en beaucoup d'endroits cette symphonie, qui a été écrite pour un orchestre comme le nôtre, devient confuse, et dans les mouvements rapides, les *staccati* des instruments à cordes donnent l'impression d'un perpétuel trémolo, surtout dans le *Tannhauser*. La marche du second acte, si brillante, est monotone; la mise en scène en est parfaite, mais les sonorités sont beaucoup trop estompées. Là où la chose est surtout choquante, c'est au finale du même acte ; ce finale, écrit avec une fougue merveilleuse pour l'orchestre et les voix, manque d'équilibre à Bayreuth; les voix, dominant l'orchestre, enlèvent la vigueur dramatique que le maître a voulue. J'ose vous dire, qu'à l'Opéra nous aurons presque en tous points une exécution supérieure. *Parsifal* est une œuvre admirable; mais, hélas! la représentation de cet ouvrage est impossible à l'Opéra, car toutes les conditions du théâtre de Bayreuth sont indispensables.

« Quelle belle œuvre! J'ai été ému jusqu'aux larmes de la scène finale du premier acte et à la scène du baptême du troisième acte. Je vais vous dire à quoi je compare ce chef-d'œuvre : le premier acte m'a fait l'effet d'un Véronèse, le deuxième d'un Goya, le troisième d'un Raphaël.

« Mes meilleures amitiés et à bientôt!...

« P. GAILHARD. »

Une lettre de M. Gailhard! Je ne pense pas qu'il en ait beaucoup écrit, fidèle, sa vie entière, à cette sage maxime d'Émile Perrin : « Gailhard, vous serez un bon directeur à deux conditions : la première, c'est que vous n'écrirez jamais; la seconde, c'est que vous n'irez jamais à pied. » M. Gailhard a rarement écrit et M. Gailhard a sa voiture. Je lui laisse le soin et le plaisir de conclure.

Et je conclus de mon côté... La direction Bertrand-Gailhard n'aura pas eu seulement l'honneur de monter les *Maîtres Chanteurs* avec une perfection qui n'a jamais été égalée dans aucun théâtre du monde : elle aura eu celui d'essayer des concerts qui, s'ils n'ont pas résisté à la concurrence des concerts Colonne et Lamoureux, n'en constituaient pas moins une tentative des plus intéressantes. Elle aura eu l'honneur de remettre à neuf, après l'incendie des décors de la rue Richer en 1891, des ouvrages qui forment le répertoire courant de l'Opéra (*Roméo et Juliette*, *Aïda*, la *Favorite*, *Coppelia*, *Don Juan*, *Hamlet*, les *Huguenots*, le *Prophète*, *Guillaume Tell*, *Joseph*), et elle laissera ainsi à l'État, propriétaire de ce matériel, des décors neufs, et aussi, bien que rien ne l'y obligeât, de beaux costumes. Dirai-je que les onéreuses représentations populaires du dimanche, fondées par Bertrand, ont été avantageusement remplacées par quatre représentations gratuites, genre de spectacle inconnu à l'étranger?

Rappellerai-je que la direction Bertrand-Gailhard a lutté énergiquement contre cette terrible et chaque jour grandissante concurrence de Monte-Carlo, de Londres et de l'Amérique, contre ces impresarii qui couvrent d'or nos artistes, nous enlèvent les uns après les autres les frères Reszké, M. Saléza, Mlle Calvé, Mlle Eames, Mlle Melba, et n'ont pu encore nous arracher cette pléiade d'artistes, qui donnent à la troupe de l'Opéra un incomparable éclat? Rappellerai-je que c'est sous la direction Bertrand et Gailhard que cette caisse des retraites, dont on a vanté les avantages à l'étranger et qui fonctionne si heureusement chez nous, a été modifiée, grâce à l'initiative intelligente et aux soins incessants de l'éminent Président de section au Conseil d'État, M. Paul Dislère? Et il me sera bien permis, avant de finir, d'indiquer succinctement l'organisation de cette caisse, véritable association de secours mutuels comme on en devrait tant avoir.

A l'époque où l'Opéra était régi par la liste civile, un décret du 14 mai 1856 créa une Caisse de retraites en faveur de tout le personnel du théâtre : le taux de l'intérêt était tel à cette époque que l'on pouvait espérer, grâce à une subvention de 50.000 francs par an (30.000 fr. payés par le théâtre, 20.000 francs par la liste civile) assurer des pensions de retraite au personnel, même dans les conditions absolument anormales où ces pensions étaient constituées. Ainsi, un artiste de la danse pouvait réclamer une pension égale au tiers de son traitement moyen à l'âge de trente-six ans. C'était entre la durée du service et celle de jouissance de la pension le renversement des bases ordinairement adoptées. Quand, en 1866, l'Opéra fut confié à une entreprise privée, l'idée première fut abandonnée, mais les avantages accordés au personnel, tributaire à ce moment de la Caisse des retraites, furent maintenus; c'était une première liquidation. En 1879, les artistes nouvellement admis réclamèrent et firent remarquer la différence injustifiée de situation entre eux et leurs prédécesseurs. Le fonctionnement de la caisse fut rétabli; on n'avait malheureusement pas songé à la diminution du taux de l'intérêt : on avait oublié de tenir compte, en autorisant les tributaires à faire état, moyennant des versements rétroactifs, de leurs services antérieurs, des chances routinières qui facilitent le fonctionnement de toute caisse de retraites : en un mot, on constituait un organisme dont la faillite obligatoire à bref délai était inscrite en principe dans l'acte constitutif lui-même.

On avait paré, il est vrai, aux premières difficultés en prescrivant que ces nouveaux tributaires n'auraient droit à toucher une pension qu'en 1889. C'est à l'approche de cet instant fatal qu'on s'aperçut du danger que l'on courait et de l'impossibilité de faire face aux engagements contractés. Une Commission fut réunie et, de ses travaux, sortit le décret du 26 mars 1887, prononçant la liquidation de la Caisse des retraites. On offrit à ceux des tributaires qui voudraient renoncer au bénéfice de l'institution, le remboursement de leurs retenues avec les intérêts acquis ; un certain nombre acceptèrent.

Enfin, la Caisse, ainsi allégée, fut confiée à une Commission de liquidation. Aujourd'hui, tout est remis à point pour le passé ; les anciens pensionnaires, comme les tributaires actuels (dont le nombre est encore d'une centaine) sont certains de recevoir la pension qu'ils ont acquise et on prévoit déjà le moment où il serait possible de renoncer à la subvention de l'État. Une Caisse de ce genre, fondée à l'Opéra-Comique par M. le Président Dislère et M. Albert Carré, donne les meilleurs résultats.

Ai-je tout dit ? Chaque mois, 1.150 personnes émargent au budget de notre Opéra ; chaque année l'Opéra donne — la somme est calculée d'après des recettes qui varient — une moyenne de 288.797 francs aux pauvres et de 251.433 francs aux auteurs, plus de deux millions aux artistes du chant et aux 154 artistes de la danse, aux

101 choristes, aux 106 musiciens de l'orchestre et à ses 3 chefs, au chef des chœurs et à son sous-chef, aux 6 chefs de chant, aux 2 maîtres de ballet et à leurs 3 accompagnateurs, aux 6 professeurs de danse et à celui de la pantomime, aux 2 chefs machinistes, aux 2 maîtres tailleurs, aux 3 chefs de magasins.

Il y avait un volume à faire, et un volume qui reste, sur notre Opéra, tant la tâche était vaste ; et je n'ai fait qu'un article, et un article qui passe !...

L'OPÉRA-COMIQUE

Suivant MM. Albert Soubies et Charles Malherbe, les époques du théâtre de l'Opéra-Comique doivent être classées de la façon suivante :

La première, celle de la Foire de Saint-Germain (1715-1762).

La deuxième, celle de l'Hôtel de Bourgogne (1762-1783) qui vit naître le *Déserteur*, de Monsigny; le *Tableau parlant*, de Grétry.

La troisième, salle Favart (1783-1797) : l'*Epreuve*, *Villageoise*, *Richard Cœur de Lion*, de Grétry; les *Visitandines*, de Devienne; les *Deux petits Savoyards*, de Dalayrac.

La quatrième, salle Feydeau (1797-1801) : le *Calife de Bagdad*, de Boieldieu; l'*Irato*, de Méhul; le *Bouffe et le tailleur*, de Gaveau.

La cinquième, allant de 1804 à 1815 (premier Empire) : *Joseph*, de Méhul ; les *Rendez-vous bourgeois*, *Joconde*, de Nicolo ; le *Nouveau seigneur de village* et *Jean de Paris*, de Boieldieu.

La sixième, de 1816 à 1829 (Restauration) : les *Voitures versées* et la *Dame Blanche*, de Boieldieu ; le *Maçon*, d'Auber, le *Barbier de Séville*, de Rossini.

La septième, allant de 1830 à 1838, jusqu'à l'incendie de la salle Feydeau, *Fra Diavolo*, le *Domino*, le *Cheval de bronze*, d'Auber ; *Zampa*, le *Pré-aux-clercs*, d'Hérold ; le *Chalet*, le *Postillon de Longjumeau*, d'Adam ; l'*Éclair*, d'Halévy ; le *Caïd*, d'Ambroise Thomas.

La huitième (salle Favart), de 1840 à 1850 : la *Fille du Régiment*, de Donizetti ; les *Diamants de la Couronne*, *Haydée*, la *Part du Diable*, d'Auber ; les *Mousquetaires de la Reine*, d'Halévy ; le *Caïd*, d'Ambroise Thomas.

La neuvième, de 1850 à 1860 : le *Songe d'une nuit d'été*, d'Ambroise Thomas ; *Giralda*, d'Adam ; *Galatée* et les *Noces de Jeannette*, de Victor Massé ; l'*Étoile du Nord* et le *Pardon de Ploermel*, de Meyerbeer ; les *Dragons de Villars*, de Maillart ; le *Médecin malgré lui*, de Gounod.

La dixième, de 1860 à 1870 : *Philémon et Baucis, Mireille, Roméo et Juliette*, de Gounod ; la *Statue*, de Reyer ; *Lalla Roukh*, de Félicien David ; les *Pêcheurs de perles*, de Bizet ; *Mignon*, d'Ambroise Thomas ; le *Premier jour de bonheur*, d'Auber ; les *Troyens*, de Berlioz.

La onzième, de 1870 à 1880 : *Carmen*, de Bizet ; *Cinq Mars*, de Gounod ; l'*Ombre*, de Flotow ; le *Roi l'a dit*, de Delibes ; la *Surprise de l'amour*, de Poise ; la *Princesse jaune*, de M. Saint-Saëns.

La douzième, de 1880 à 1887 : *Jean de Nivelle*, de Léo Delibes ; les *Contes d'Hoffmann*, d'Offenbach ; *Lakmé*, de Léo Delibes ; *Manon*, de Massenet ; le *Chevalier Jean*, de Victorin Joncières ; *Proserpine*, de Saint-Saëns ; le *Roi malgré lui*, de Chabrier ; *Plutus*, de Charles Lecocq.

La treizième, de 1887 à 1898 (salle du théâtre des Nations).

1° Direction Paravey : le *Roi d'Ys*, de Lalo ; *Esclarmonde*, de Massenet ; la *Basoche*, d'André Messager.

2° Direction Carvalho : le *Rêve* et l'*Attaque du Moulin*, d'Alfred Bruneau ; *Werther*, de Massenet ; *Phryné*, de Saint-Saëns ; *Kassia*, de Léo Delibes ; la *Cigale Madrilène*, de Peyronnet ; En-

guerrande, de Chapuis; *Xavière*, de Théodore Dubois; la *Jacquerie*, de MM. Lalo et Coquard; le *Flibustier*, de César Cui; *Kermaria*, de Camille Erlanger; la *Femme de Claude*, d'Albert Cahen.

La quatorzième époque date de la direction actuelle.

* * *

Que l'on adopte la méthode présentée par MM. A. Soubies et Malherbe, ou qu'on cherche à indiquer, de façon plus précise, la place tenue dans la seconde moitié du siècle dernier par ce genre qui commence au vaudeville à couplets pour finir au drame musical, il y aurait mauvaise grâce à ne pas donner une des premières places à Léon Carvalho.

Je ne voudrais pas retracer ici la vie de Léon Carvalho depuis le jour (c'était en 1847, d'après les mémoires du temps) où il débutait comme choriste dans le théâtre dont il devait être plusieurs fois le chef : Il aimait à rappeler qu'en 1856, année triomphale pour lui, il avait monté les *Dragons de Villars*, la *Fanchonnette* et la *Reine Topaze*, qu'il avait deviné Gounod, imposé

Faust, *Mireille* et, plus tard, *Roméo et Juliette*, et qu'il avait mis au premier rang, en France, Gluck et Mozart.

Ballotté entre le Théâtre Lyrique et l'Opéra-Comique, entraînant avec lui ses compositeurs, ses librettistes et ses artistes, Carvalho ne dédaignait pas, le cas échéant, de s'atteler à la direction d'une scène de genre, celle du Vaudeville, par exemple, où il montait un des plus purs chefs-d'œuvre de notre temps, l'*Arlésienne*.

Le 12 août 1876, la Chambre des députés décidait que la subvention de l'Opéra-Comique (qui s'élève aujourd'hui à 300.000 francs) serait portée à 240.000 francs jusqu'en 1880.

Léon Carvalho succédait alors à du Locle et devenait, par arrêté ministériel, propriétaire d'un matériel estimé à 300.000 francs. Il était, en outre, convenu que cette somme lui serait remboursée le jour où il quitterait l'Opéra-Comique.

Les neuf années de cette direction Carvalho (1876-1885) furent exceptionnellement brillantes. Les chefs d'orchestre s'appelaient Lamoureux et Danbé.

Le 1er octobre 1876, le théâtre ouvrait ses

portes avec l'aimable *Piccolino* de Guiraud. Auber et Ambroise Thomas triomphaient sur toute la ligne. *Haydée* succédait à *Fra Diavolo*, Hérold ne quittait pas l'affiche, et il n'était pas de semaine où l'on n'offrît *Le Pré aux Clercs*. Tandis qu'on préparait une reprise de *Zampa*, la *Dame blanche* — qui l'eût dit? — servait de prétexte, le soir même du réveillon, à une grève formidable de choristes.

« Ce fut ma seule grève », répétait doucement Léon Carvalho. C'est que, par l'aménité de son caractère, par sa constante bonne humeur, Carvalho était destiné à jouer le rôle d'arbitre dans ces démêlés trop fréquents.

Il fut l'arbitre de la grève du réveillon de 1876 qui se prolongea jusqu'à la fin de la première semaine de l'année suivante. Il fallait l'entendre conter les péripéties de cette guerre intérieure! Comme il était, avant tout, homme de théâtre, son récit prenait les allures d'un mélodrame, les choristes devenaient de sombres personnages de d'Ennery!

Le théâtre n'en continuait pas moins à prospérer, malgré les menaces de la critique musicale. En directeur avisé qui prévoyait que la lutte allait être terrible entre le public prônant l'Opéra-Comique pour un théâtre de repos et de famille, et la jeune école musicale hypnotisée par Richard Wagner, Carvalho était là, impassible, fidèle au vieux répertoire, trouvant inutile que la critique musicale fût appelée à juger Auber ou Boieldieu, Ambroise Thomas ou Donizetti... *Mignon* faisait alors très régulièrement le maximum, et quand, le dimanche soir, on affichait la *Dame Blanche* avec la *Fille du Régiment*, on refusait des centaines de personnes... Désireux de bien connaître les impressions de son public, Carvalho avait pris l'habitude, le dimanche soir, de se promener dans les couloirs pendant les entr'actes : il recueillait les impressions de ses spectateurs et en tenait un compte minutieux. Eugène Bertrand ne fit pas autre chose pendant ses trente années d'heureuse direction aux Variétés... « L'école de Montigny! » répétaient en chœur les deux élèves du célèbre directeur du Gymnase, qui se retrouvaient l'un directeur de l'Opéra, l'autre directeur de l'Opéra-Comique.

Carvalho pensait que chaque théâtre a son genre et son public et que le devoir d'un directeur soucieux d'avoir une clientèle et de la garder est d'en respecter les idées. Il se doutait bien qu'un jour viendrait où le « genre éminemment français » serait mis en échec, mais il a lutté de toutes ses forces, il faut le reconnaître, contre l'envahissement de la musique... « la musique d'algèbre », s'écriait-il...

Après ces neuf années de direction, la catastrophe du 12 mai 1887 arrivait. L'Opéra-Comique se transportait au théâtre des Nations, qui, on s'en souvient, était alors un théâtre de drame régi par des artistes en société. M. Paravey, après l'administration intérimaire de Jules Barbier, fut nommé directeur.

Cette direction qui monta le *Roi d'Ys* de Lalo, *Esclarmonde* de M. Massenet et la *Basoche* de M. André Messager, s'était confiée aux marchands de billets. Que la recette fût de 7.000 francs ou de 1.500 francs, c'était tout comme pour le directeur; un marché était intervenu entre l'impresario et le concessionnaire des billets de claque et d'auteurs. La lutte n'était pas égale, et M. Paravey dut quitter la place pour la céder à Léon Carvalho.

Les rudes épreuves n'avaient pas abattu Carvalho. Il fit encore de l'excellent travail dans ce théâtre qu'il appelait provisoire, caressant toujours le rêve, fort légitime d'ailleurs, de se réinstaller salle Favart. Il n'avait renié ni ses principes, ni ses auteurs, ni ses artistes, mais pendant les longs mois d'exil, l'évolution musicale qu'il avait prévue avait fait du chemin, et quel chemin !

La mort le surprit en pleine force, alors que ses espérances allaient être réalisées et qu'il allait pouvoir mettre à exécution tant de séduisants projets...

.*.

Carvalho mort, à peine enterré, les candidatures à la direction de l'Opéra-Comique se levèrent en masse. On en vit poindre de tous les quartiers de Paris, de tous les coins de la France et de l'Europe. Les théâtres d'État ont ceci de particulier que, lorsque la vacance de l'un d'eux est déclarée, les candidats sont toujours les mêmes. Opéra ou Opéra-Comique, Comédie-Française ou Odéon, peu importe : le genre ne fait rien à l'affaire. On naît candidat subventionné, on meurt de même. C'est une fonction, c'est un titre. La subvention n'est-elle pas, pour le candidat à perpétuité, le plus alléchant des encouragements? Ne tient-elle pas lieu de commandite? J'ai connu un directeur de province qui, le soir de la mort de Carvalho, avait paré sa maison des plus fastueux lampions. Le pauvre homme fêtait sa nomination à l'Opéra-Comique de Paris! Il proclamait qu'il avait en poche sa nomination de directeur... Que d'illusions envolées! Que de lampions à éteindre, le jour où M. Albert Carré prit la place!...

Le 13 janvier 1898. M. Albert Carré entrait en fonctions. Il venait du Vaudeville dont il fut tour à tour pensionnaire et directeur. Il avait débuté sur la scène de la Chaussée d'Antin, dans ces matinées dominicales réservées aux comédies-vaudevilles de Scribe, de Bayard et de Dumanoir. Il sortait du Conservatoire, où il avait fait ses études entre Jeanne Samary et Gabrielle Réjane. Mais le jeune comédien voulait tâter de la direction.

M. Albert Carré eut alors la bonne fortune de devenir l'associé au Vaudeville de notre regretté

ami Raymond Deslandes, un des meilleurs
directeurs de notre temps. Eugène Bertrand qui,
on le sait, avait un gros intérêt dans toutes les
scènes de genre, était représenté au Vaudeville par son frère ; celui-ci céda sa place à
M. Albert Carré... L'association Deslandes-Carré
fut singulièrement heureuse. A la mort de Deslandes, Albert Carré, resté seul, continua les
bonnes traditions, alternant sur l'affiche les
joyeux vaudevilles d'Alexandre Bisson avec
les œuvres de la jeune école. C'est sous cette
direction Albert Carré que nombre d'écrivains,
qui n'avaient eu jusqu'alors que des succès de
romanciers, débutèrent au théâtre. On se souvient
des *Paroles restent*, le premier essai, essai très
brillant, d'un écrivain qui devait tenir la première place dans le théâtre contemporain,
M. Paul Hervieu : on se souvient du *Prince
d'Aurec*, l'œuvre maîtresse de M. Henri Lavedan,
que M. Albert Carré imposa au public. De telles
tentatives, et beaucoup d'autres de ce genre,
méritaient une récompense. M. Albert Carré
l'obtint : il fut fait chevalier de la Légion d'honneur comme directeur d'un théâtre non subventionné. Jusqu'alors, le ruban était réservé

aux directeurs de nos scènes officielles, considérés comme fonctionnaires. On rompit cette tradition par M. Albert Carré. J'ajouterai que cette récompense lui fut décernée sur la requête même de M. le président de la Commission des auteurs dramatiques et de ses collègues.

La belle série inaugurée au Vaudeville continua avec M. Porel, lequel, quittant l'inexploitable scène de l'Eden, venait partager la fortune de M. Albert Carré et lui assurer le concours de notre incomparable Réjane. Mais tout doucement et sans rien dire, M. Albert Carré guettait la direction d'un théâtre d'État. Les associations lui pesaient; il voulait être seul maître et responsable de ses actes.

. ˙. .

Voilà donc M. Albert Carré installé place du Châtelet, attendant la réouverture de la salle Favart. Dès le premier jour, le public était fixé sur les plans de M. Carré. Le nouveau directeur de l'Opéra-Comique entendait aller « à gauche ». Après la représentation des trois charmants tableaux de M. Raynaldo Hahn, l'*Ile du rêve*, la première œuvre importante qu'il montait fut *Fervaal*, l'œuvre savante de M. Vincent d'Indy, déjà représentée au Théâtre de la Monnaie de Bruxelles. Mais pour rassurer les habitués de l'ancien Opéra-Comique, M. Albert Carré, après *Fervaal*, avait donné la fraîche et jolie *Bohème* de M. Puccini, qui ne peut certes compter comme une œuvre « d'extrême gauche ».

M. Carré avait, d'ailleurs, exposé ses idées dans un substantiel rapport, publié à la suite d'une mission dont il fut chargé par le ministre de l'Instruction publique, mission d'étude des théâtres musicaux en Allemagne et Autriche-Hongrie.

Une chose avait frappé M. Carré : l'ordre et le calme qui règnent sur les scènes allemandes. Chacun est à sa place ; chacun est renfermé dans le cercle étroit de sa fonction, et cette fonction s'adapte à celle du voisin, comme les pièces d'une machine s'emboîtent les unes dans les autres.

Dès son entrée en fonctions, le directeur de l'Opéra-Comique décida que, suivant l'exemple de nos voisins, le théâtre aurait son directeur de la musique, son école des chœurs, sa caisse de retraites. C'était un nouveau régime qu'il appliquait.

Administration, orchestre, figuration, costumiers, décorateurs, tout allait subir sur l'heure de profondes modifications, et de façon qu'il n'y eût aucun malentendu possible, des circulaires furent lancées, annonçant au personnel que, dès la fin de la saison, tout était à reprendre et à recommencer.

Aux abonnés du théâtre, M. Albert Carré, avec la même netteté, présentait son programme. Dès la réouverture, place Favart, il s'engageait à en assurer l'exécution intégrale. Il avait constaté que l'abonné est légion en Allemagne et en Autriche, et que, les théâtres étant grassement subventionnés et le droit des pauvres n'existant pas, le prix des places et des abonnements est plus abordable chez nos voisins que chez nous. C'est ainsi que — j'emprunte ces renseignements au rapport de M. Carré — le fauteuil d'orchestre, qui, à l'Opéra de Paris coûte 14 francs au bureau et 16 francs en location, est tarifé (sans augmentation s'il est pris d'avance) de la façon suivante :

A Vienne 8f40
A Berlin. 7 50
A Munich. . . . . ?⎫
A Wiesbaden. . . . . ⎬ 6 25
A Francfort. . . . . ⎭
A Prague 5 25
A Dresde . . . . ⎫ 5 »
A Stuttgardt . . . . ⎭
A Darmstadt 4 35
A Carlsruhe 3 75

Pour les abonnés, ce même fauteuil coûte :

A Vienne. 6f45
A Berlin 5 65
A Wiesbaden. 6 25
A Francfort. 4 38
A Munich. 4 33
A Darmstadt 2 50
A Prague. 2 10

M. Carré avait, de plus, remarqué que l'abonné n'admet pas qu'une pièce lui soit offerte plus de deux fois dans la même saison, et que, dans la saison théâtrale 1895-96, par exemple, l'Opéra de Berlin avait monté 60 ouvrages différents (52 opéras et 8 ballets), l'Opéra de Vienne, 74 ouvrages (53 opéras et 21 ballets), le Grand-Théâtre de Prague, 59 ouvrages, et celui de Francfort, 88.

Cette fièvre de production, ce perpétuel changement de programme imposent aux artistes allemands un travail formidable. Certes, M. Carré savait qu'il ne bouleverserait pas nos mœurs au point de commencer le spectacle à 6 heures et demie ou à 7 heures, pour le terminer à 10 heures, avec un seul entr'acte. Mais il avait constaté que les chanteurs allemands se couchent tôt et se lèvent de même pour assister à la répétition qui, dès 9 heures du matin, les appelle au théâtre. Les deux répétitions par jour, l'une à 9 heures du matin, l'autre à 2 heures de l'après-midi, présentent, en Allemagne et en Autriche, l'avantage appréciable de permettre aux artistes qui chantent le soir d'assister à l'une des deux répétitions, celle du matin. Chez nous, un artiste de l'Opéra, qui chante le soir, ne se rend pas toujours à la répétition de l'après-midi. On en est arrivé, avec ce dangereux système, à créer deux troupes, la troupe des répétitions et celle des représentations : le chanteur, qui répète une œuvre nouvelle, abandonne trop souvent les rôles du répertoire courant.

C'est contre de tels abus que M. Albert Carré proteste avec raison. Il voudrait, par tous les moyens possibles, introduire chez nous l'usage des deux répétitions par jour; il voudrait qu'un théâtre possédât des salles d'étude, des guignols, des petites scènes, ce qui doublerait les travaux de la journée ; il voudrait qu'à l'aide de ces doubles et triples répétitions quotidiennes, on pût monter chaque mois un ouvrage nouveau ; il voudrait que, grâce à une subdivision de travail mieux comprise et à la multiplicité même des salles de répétitions, on mît à l'étude plusieurs ouvrages différents.

Cette méthode de travail est, à la vérité, le secret de la grande production musicale des théâtres étrangers. Il faut rendre cette justice à M. Albert Carré qu'il a tenu parole. Après l'*Ile du rêve*, de M. Raynaldo Hahn et *Fervaal*, de M. Vincent d'Indy, il a monté *Beaucoup de bruit pour rien* de M. Paul Puget; le *Cygne* de M. Charles Lecocq; *Phœbé* de M. André Gédalge; *Louise* de M. Gustave Charpentier; le *Juif polonais* de M. Camille Erlanger; la *Fille de Tabarin* de M. Gabriel Pierné; l'*Ouragan* de M. Alfred Bruneau; le *Légataire universel* de M. Pfeiffer; la *Sœur de Jocrisse* de M. Antoine Banès; *Cendrillon* et *Griselidis* de M. Massenet;

Javotte de M. Saint-Saëns; *Pelléas et Mélisande*, de M. Debussy; la *Troupe Jolicœur* de M. Coquard.

Voilà pour les œuvres nouvelles.

Non content d'ouvrir les portes de son théâtre à tous ces musiciens, à « l'extrême gauche » aussi bien qu'à « l'extrême droite », c'est-à-dire à M. Vincent d'Indy aussi bien qu'à M. Pfeiffer, à M. Debussy aussi bien qu'à M. Coquard, il a remis à la scène des œuvres classiques, comme le *Fidelio* de Beethoven; *Joseph* et l'*Irato* de Méhul; l'*Orphée* et l'*Iphigénie* de Gluck. A M. Saint-Saens, il a offert la plus légitime des réparations en remettant à la scène sa belle *Proserpine*; à Lalo, il a rendu hommage en reprenant le superbe *Roi d'Ys* : il a remonté le *Rêve* d'Alfred Bruneau, la *Basoche* d'André Messager et a reconstitué la *Mireille* de Gounod dans sa forme primitive. Les musiciens étrangers n'ont pas eu à se plaindre : La *Vie de Bohème* et *Haensel et Gretel* sont maintenant installés au répertoire.

Désireux de montrer son éclectisme et de conserver les abonnés de l'Opéra-Comique d'autrefois, M. Albert Carré, tout en donnant une large place à la nouvelle école musicale, n'a pas hésité à remonter, avec un luxe inusité, des ouvrages que cette même jeune école déclarait vieillis et qui avaient assuré la fortune de tant de directeurs de l'Opéra-Comique. Ces ouvrages s'appellent *Mignon*, le *Domino Noir*, les *Dragons de Villars* qui, aujourd'hui comme naguère, réparent les trous causés pas certains ouvrages nouveaux.

Et comment M. Carré, le librettiste du plus charmant d'entre tous les opéras-comiques, la *Basoche*, aurait-il pu faire autrement ? N'est-ce pas lui-même qui, dans une spirituelle préface aux *Annales du théâtre et de la Musique*, s'est écrié : « On reprendra de ci, de là le *Domino Noir*, *Fra Diavolo* et le *Pré aux Clercs*, et les vieux amateurs accourront en foule, heureux de retrouver, dans ce vieux répertoire, leurs propres souvenirs, et d'entendre chanter, sur la scène et dans leur cœur, la musique de leurs vingts ans ! »

Les deux écoles sont donc satisfaites : *Mignon* alterne avec *Louise*, *Pelléas et Mélisande* avec le *Domino Noir*.

Il a paru inconcevable à tous ceux qui ont mis

le pied dans les coulisses du nouveau théâtre Favart qu'un pareil développement de décoration et de mise en scène fût réalisable et réalisé dans un si petit espace. On s'est extasié, et on a eu raison de s'extasier, sur la variation infinie de lumières, sur les décorations de MM. Jusseaume et Ronsin, sur la perfection de l'exécution orchestrale dont l'honneur revient à MM. André Messager et Luigini...

Mais ne semble-t-il pas que, de toutes les réformes introduites par M. Albert Carré, la meilleure de toutes, l'essentielle, c'est d'avoir réconcilié les anciens avec les modernes, d'avoir ramené les anciens habitués de l'Opéra-Comique en remontant excellemment le *Domino Noir* et d'avoir, le lendemain même de la reprise de l'ouvrage d'Auber, donné un gage à l'école musicale nouvelle en montant, à grands frais, l'*Ouragan* de M. Bruneau ou le *Pelléas* de M. Debussy, sans négliger pour cela deux des plus rayonnants chefs-d'œuvre de la musique française : l'éternelle *Carmen* et l'immortelle *Manon*...

L'ODÉON

I

L'ANCIEN SECOND THÉATRE-FRANÇAIS

Chaque théâtre a ses historiographes. M. Porel, aujourd'hui directeur du Vaudeville, et M. Georges Monval, le savant archiviste de la Comédie-Française, ont écrit l'histoire administrative, anecdotique et littéraire de l'Odéon, depuis 1782 jusqu'à 1853, en deux volumes qui forment un excellent ouvrage. Mais je savais qu'un grand comédien, aujourd'hui disparu, non oublié, l'admirable interprète de Molière et de Musset, M. Delaunay, avait pieusement conservé ses notes sur le théâtre dont il fut, à sa sortie du Conservatoire, le modeste pensionnaire. J'écrivis à M. Delaunay; c'est par cet aimable billet qu'il répondit à ma requête :

« Que pourrai-je vous dire de l'Odéon que j'ai quitté il y a cinquante-deux ans sans aucun espoir de retour? J'y suis resté trois ans : j'ai été engagé par Bocage à 80 francs par mois, 200 francs et 300 francs les années suivantes. Mais si Versailles ne vous paraît pas trop loin, venez! Je serai enchanté de renouer connaissance avec vous... »

Je pris donc le chemin de Versailles et retrouvai la maisonnette, telle que je la visitai au commencement d'octobre 1896, quand je fus chargé de demander à M. Delaunay s'il sortirait exceptionnellement de sa retraite pour dire, devant l'Empereur de Russie, au château de Versailles, la *Soirée Perdue*. Une maisonnette! Un petit musée bien plutôt. Ici, des portraits de Provost, de Regnier, de Lafontaine, des deux Brohan, Suzanne et Madeleine, la mère et la fille, des deux Monrose, d'Émile Perrin, de Mlle Bartet et de M. Mounet-Sully, tous artistement encadrés et agrémentés de flatteuses dédicaces; là, un immense tableau représentant le cours de M. Delaunay au Conservatoire... La revue des portraits et des dédicaces terminée, nous passons dans la salle des archives et M. Delaunay me tend le bulletin de répétition du Gymnase où, sous un pseudonyme, il allait furtivement jouer la comédie... Le bulletin est daté de 1845. Puis, voici l'engagement à l'Odéon (direction Bocage), écrit de la main même du régisseur, Léon Moisson de Brécourt, qui devait devenir le beau-père de M. Victorien Sardou. J'en copie l'article final : « Le présent engagement commencera au plus tard en octobre 1846 et finira le 15 juin 1847 à l'option du directeur. Le présent engagement sera prolongé d'un an à la seule volonté de M. Bocage, qui devra prévenir le comédien de cette volonté le 1ᵉʳ juin 1847 au plus tard. »

Le jeune artiste, l'engagement ne le dit pas, payait ses costumes, mais le directeur lui offrait, à titre exceptionnel, ses omnibus ! Et, de cette voix délicieuse qui chanta les couplets de Fortunio, les fredaines de Valentin, les folies d'Octave et les plaintes de Perdican, M. Delaunay débite le prologue d'ouverture célébrant l'avènement de Bocage à l'Odéon : il est de Théophile Gautier et se termine par ces vers à l'adresse des jeunes premiers :

Ils doivent, par contrat, garder la taille mince,
Ou s'en aller grossir les troupes de province !

Se laissant aller à ses souvenirs qui datent

déjà d'un demi-siècle et n'en sont pas moins d'une vivacité extraordinaire, M. Delaunay passe à la vie de Bocage.

Bocage dirigea par deux fois l'Odéon. Il était ouvrier cardeur dans une fabrique de Rouen, où il gagnait dix sous par jour, quand, mourant de faim, dégoûté de la vie et sur le point d'en finir, il alla frapper à la porte du Conservatoire de Paris : elle ne lui fut pas ouverte. Suivant les sages conseils d'un ami, il se fit garçon épicier, clerc d'huissier, caressant toujours le rêve d'être comédien. Le Conservatoire lui étant de plus en plus fermé, il entra dans une troupe ambulante qui parcourait la province : il y apprit son métier et se présenta à la Comédie-Française. Il y fut admis et débuta dans l'*Abbé de l'Épée*, une pièce aujourd'hui oubliée qui, il y a quelques années, jouée par Talien, faisait des apparitions discrètes, mais heureuses, sur l'affiche de l'Odéon. Le succès fut médiocre. Le jeune comédien ne se découragea pas : il regagna les théâtres de province et entra enfin à l'Odéon. Il y resta trois années, se faisant remarquer dans l'*Homme habile* d'Epagny et le *Dernier jour de Missolonghi*, un drame d'Ozaneaux, accompagné de la musique de l'auteur du *Pré aux Clercs* et de *Zampa*, le compositeur à la mode... Mais le grand succès ne venait toujours pas. Bocage entra à la Gaîté, où il remporta une victoire décisive dans le rôle du curé de l'*Incendiaire*. Alors vinrent *Antony* et la *Tour de Nesle*. Bocage était célèbre : la Comédie-Française l'engagea. Les sociétaires protestèrent contre cet engagement, qui leur semblait être un coup d'État. Le Comité estimait que l'artiste n'était pas classique et manquait de style... Il ne réussit ni dans Alceste, ni dans Nicomède. De guerre lasse, Bocage retourna à sa chère Porte-Saint-Martin. En conteur fidèle et singulièrement documenté, M. Delaunay se livre alors à la plus amusante des imitations de Bocage, de Frédérick Lemaître et de leur successeur Lafontaine, parodiant, avec un art infini, les procédés de tous ces artistes à panache, mais rendant pleine justice à leur talent et insistant sur les feuilletons du critique du *Moniteur* : « Bocage était le capitaine d'aventures du moyen âge. Il avait toujours une riposte prête aux coups du sort, se relevant au moment où on le croyait écrasé, plein de sang-froid, d'aplomb et d'audace, réalisant la plus étrange figure du drame moderne : luttant de talent, qu'il fût Antony, Buridan ou Didier, avec le génie de Frédérick, la passion de Mme Dorval, la majesté épique de Mlle Georges, et n'étant inférieur à aucun de ces redoutables partenaires. »

En 1843, Bocage entre à l'Odéon, conduit à la victoire la *Lucrèce* de Ponsard et l'*Antigone* d'Auguste Vacquerie et Paul Meurice. *Lucrèce* triomphait, mais le romantisme était en défaveur. Les *Burgraves* étaient froidement accueillis et, fatalement, Bocage partageait la disgrâce du théâtre dont il était l'interprète favori.

En 1845, il était nommé directeur de l'Odéon. Le *Diogène* de Félix Pyat, l'*Agnès de Méranie* de Ponsard, *Échec et Mat* d'Octave Feuillet et Paul Bocage réussirent, mais le double métier de directeur et de comédien était au-dessus des forces de l'artiste. Après deux années de direction, il dut, épuisé de fatigue, abandonner l'Odéon qui avait été le rêve de sa vie. La troupe de la direction Bocage comptait alors Randoux, Clément Just, ce Clément Just qui dans des rôles de second plan sut se faire apprécier, il y a une vingtaine d'années, à côté des Dumaine, des Taillade et des Lacressonnière : Monjauze, le ténor du Théâtre-Lyrique : Roger qui devint directeur du Vaudeville : Barré, l'excellent Barré qui devait être un des meilleurs, un des plus dignes artistes de la Comédie : Vannoy, qui allait avoir son heure de gloire à la Porte-Saint-Martin et créer Cocardasse du *Bossu* : Blaisot, le consciencieux Blaisot du Gymnase qui, au Conservatoire — ô dérision ! — avait gagné un prix, pendant que l'immortel Delaunay n'obtenait qu'un accessit : enfin Delaunay, lui-même, l'Horace idéal de l'*École des femmes*, l'inimitable Perdican. Les artistes femmes avaient nom Mme Araldi, qu'on donnait comme rivale à Rachel, Mme Moreau Sainti, la grande coquette, Mlle Naptal, qui épousa son camarade Arnault et quitta l'Odéon pour le boulevard du Temple, et Mlle Bonval une future soubrette de la Comédie.

Bocage céda l'Odéon à Augustin Vizentini, le père de M. Albert Vizentini, le directeur de la scène de notre Opéra-Comique, dont l'éloge n'est plus à faire. Sous la direction Vizentini, Ballande débutait, et à la grande troupe de

Bocage venaient s'ajouter Mme Marie Laurent, Larochelle, et ce même Albert Vizentini, qui tenait les rôles d'enfants et se donnait le luxe d'aller jouer, à la Comédie-Française, la petite Louison du *Malade Imaginaire.*

Bocage était rentré à la Comédie pour y créer, sans trop de succès, la *Vieillesse de Richelieu* d'Octave Feuillet et Paul Bocage, mais son Odéon lui manquait... Il y rentra, nommé cette fois pour trois ans : on le gratifia de la subvention de 100.000 francs, à la condition qu'il ne reparaîtrait plus sur les planches...

Cette seconde direction Bocage fut marquée par le triomphe de *François le Champi* de George Sand. Mais on reprochait alors au directeur d'introduire la politique à l'Odéon et d'inaugurer un système de billets de famille, on dirait aujourd'hui de billets à droits... Ses succès lui avaient créé de terribles inimitiés. Républicain farouche, organisant des représentations politiques, ordonnant à la claque de réclamer la *Marseillaise*, le *Chant du départ* et les *Girondins*, Bocage était révoqué par le ministre Baroche : 1° parce qu'il avait distribué dans Paris des billets, dits de famille, en nombre considérable et sur la présentation desquels on était admis à toutes les places, moyennant un prix de beaucoup inférieur à celui du bureau ; 2° parce qu'il avait délivré des billets aux élèves de l'École Polytechnique avec lesquels ils pouvaient aller à toutes places en payant un franc pour tout droit et amener des dames et autres personnes de leur connaissance !...

C'étaient de fallacieux prétextes. Le décret de révocation du 27 juillet 1850 invoquait les billets de famille. La vérité est que Bocage était républicain, ce que le commissaire du gouvernement d'alors voyait d'un mauvais œil... Mais Bocage voulait à tout prix être directeur. Chassé de l'Odéon, il s'installa au théâtre Saint-Marcel dont il cherchait à faire une scène littéraire. Larochelle vint à son aide et Bocage échappa à la faillite. La fin approchait. Il alla entre temps créer *Claudie* à la Porte-Saint-Martin, le *Marbrier* de Dumas au Vaudeville. Il eut encore la gloire de créer les *Beaux Messieurs de Bois Doré*, et en 1862, en plein succès, à l'âge de soixante et un ans, il mourait, laissant la réputation d'un artiste supérieur et ayant eu l'honneur de caractériser toute une époque... Il est, je crois, juste de dire que les deux directions de Bocage à l'Odéon montrèrent le Second Théâtre-Français sous son jour véritable : un théâtre de lutte et d'avant-garde. C'était le temps, que revirent en 1862 les spectateurs de la *Gaëtana* d'Edmond About, où, pendant les entr'actes, qui étaient pourtant plus courts qu'aujourd'hui, les étudiants poussaient des cris d'animaux féroces et poursuivaient le vacarme une fois le rideau levé. Bocage, pour parer à ces tumultes, avait installé au foyer du théâtre un musée où l'on admirait des Delacroix, des Corot, des Isabey, mais rien n'y fit : les cris d'animaux continuaient, alternant avec les sifflets à roulettes, et le musée de Bocage cessa de vivre.

En avril 1848, M. Delaunay, sur la demande de son professeur Provost, quittait l'Odéon et entrait à la Comédie-Française; il y demeura jusqu'au jour de sa retraite, fidèle à son art, donnant l'exemple d'une belle vie d'artiste. Et comme je lui demandai si c'étaient tous ses souvenirs sur l'ancien Odéon, M. Delaunay ouvrit de nouvelles archives et me donna, de l'écriture même de son célèbre camarade

Edmond Got, une lettre que je reproduis intégralement.

« Hameau Boulainvilliers, Paris-Passy,
10 novembre 1865.

« Mon cher camarade,

« Il y a trois mois, j'ai envoyé au Comité ma démission de sociétaire après vingt et un ans passés de service.

J'avais préalablement déclaré par écrit à M. Ed. Thierry que mon intention était, si on le désirait, de me réengager comme pensionnaire avec six mille francs d'appointements fixes et des feux par acte, combinés d'après les moyennes des six dernières années, de façon à équivaloir à ma position actuelle, en plus ou moins, selon la proportion exacte de mon travail.

C'était là une expérience dont je m'offrais à courir l'aventure dans l'intérêt du théâtre et de son avenir, mais, suivant mon projet, le résultat, même reconnu bon, ne devait porter atteinte à aucun des droits acquis, et ne se serait étendu plus tard qu'aux survenants, ou à ceux d'entre nous qui l'auraient formellement demandé.

Notez qu'avec ces six mille francs fixes et ces feux par acte, tout sociétaire n'en aurait pas moins eu droit à sa part proportionnelle dans les dividendes de fin d'année.

Bref, j'avais naguère, en réclamant l'élévation du droit des auteurs, soutenu avec succès la cause du travail littéraire, et nous n'avons certes pas eu lieu de nous en repentir; aujourd'hui, j'ambitionnais d'en faire autant chez nous pour le travail artistique, et, pour ne rien troubler autour de moi, c'était moi-même qui voulais en faire l'épreuve peut-être à mes dépens.

« On ne l'a pas voulu et le Comité a refusé péremptoirement ma démission, au nom de l'article 12 de l'acte de société ainsi conçu :

« Après vingt ans de service seulement (à partir
« du jour des débuts), tout sociétaire *devra* prendre
« sa retraite, *à moins que le Gouvernement et le Co-*
« *mité d'administration n'en décident autrement.* »

« Et voilà l'acte qu'on m'oppose, et qui peut au besoin nous enchaîner tous ! — Le Code civil défend pourtant les marchés léonins et les vœux éternels.

« Aussi, au nom de ce même acte, violé sans cesse et impunément dans ses principaux articles, j'ai demandé à la Justice la dissolution de la Société même, *telle qu'elle est*, et, à cet effet, j'ai dû envoyer par huissier, à chacun de mes co-associés, une assignation nominative.

« En pareil cas, les statuts et le simple bon sens, d'ailleurs, exigent que l'assemblée générale soit convoquée, puis éclairée et consultée. On n'en a pourtant rien fait. L'Administration s'est bornée à faire réclamer officieusement auprès de chaque sociétaire, fût-il en congé, cette assignation personnelle, pour *mettre*, disait-elle, de *l'ordre et du calme dans cette malheureuse affaire.*

« Et soit indifférence, soit appréhension injuste, tous mes collègues, deux exceptés, se sont ainsi dessaisis de la pièce en question.

« Oh ! alors, ce faisceau une fois réuni, l'administration n'a pas manqué de s'en faire sous le manteau une arme contre moi et presque un trophée aux yeux de l'autorité ; — et on a tranquillement constitué à petit bruit un avoué collectif pour la défense *unanime* de la Société, et on a eu bien soin de notifier, à plusieurs reprises, dans l'exploit, qu'on agissait au nom et d'après la volonté expresse de chaque sociétaire contre mes inqualifiables prétentions.

« L'unanimité, et l'unanimité indignée, voilà donc un des gros arguments qu'on m'oppose !

« Eh bien ! moi, je dis que cette unanimité prétendue n'est que la mise en scène d'une surprise déloyale pour beaucoup d'entre nous, et je le prouve.

« En effet, plusieurs de mes camarades sont venus depuis lors me faire visite et se renseigner près de moi : tel approuvant ma conduite, tel me demandant presque conseil, tous ignorant de quoi il était question.

« Aux uns, j'ai tâché d'expliquer mes idées ; aux autres, j'ai répondu que je ne voulais exercer aucune pression, même amicale, sur leur détermination.

« Mais aujourd'hui, avant que les événements n'arrivent enfin, bien malgré moi, vers des complications extrêmes, je viens vous demander franchement, oui ou non, si, dans votre intention, la remise de mon assignation aux mains de M. Ed. Thierry a véritablement la portée qu'on lui attribue — ou si, comme j'aime à le croire, vous n'avez voulu, par là, que vous décharger des soucis inconnus d'une action judiciaire, sur ceux que cela vous semblait principalement concerner?

« Pardonnez-moi cette longue lettre, mais je devais vous dire ce que, selon moi, on vous a dit tout de travers, si tant est qu'on vous l'ait dit même. C'est qu'en résumé, il n'y a là que des principes en cause et point du tout des personnes. Aussi, dans votre réponse, liberté de conscience entière ! Je la veux pour moi, c'est pourquoi je la respecte chez les autres.

« Recevez donc, dans tous les cas, mon cher camarade, l'assurance de ma parfaite considération.

« *Signé :* E. Got. »

M. Got avait tenté une petite révolution, et le procès, que les journaux du temps ont appelé le procès de la *Contagion* à l'Odéon, est tout entier dans cette lettre...

Il ne me reste plus, pour être quitte avec l'ancien Odéon, qu'à remercier son plus glorieux artiste de m'avoir si obligeamment livré ses notes sur cette belle période de théâtre.

.*.

J'arrive à l'Odéon que j'ai mieux connu : l'Odéon de M. Félix Duquesnel.

M. Duquesnel avait été, à la fin de l'Empire, l'associé de de Chilly à l'Odéon. On fêtait la centième représentation de la fameuse reprise de *Ruy-Blas*, dans laquelle Mme Sarah Bernhardt jouait la Reine, Mme Emilie Broisat Casilda, Mélingue don César, Geffroy don Salluste, et Lafontaine Ruy-Blas, quand, au milieu de la fête, de Chilly fut frappé d'une attaque d'apoplexie foudroyante. Le lendemain, sur la demande de Victor Hugo et de George Sand, M. Duquesnel était nommé, seul, directeur de l'Odéon.

La direction Chilly-Duquesnel avait été heureuse. La direction Duquesnel fut brillante. Mais la guerre avait été, dès le premier jour, déclarée entre le directeur et l'administration des Beaux-Arts. D'un éclectisme adroit, d'une indépendance absolue, M. Duquesnel avait un système directorial qu'il entendait pratiquer, sans tenir compte des influences occultes et des hautes recommandations. Un bon directeur, selon lui, devait être un beau joueur et risquer la partie, c'est-à-dire la saison, sur une seule pièce. Cette pièce s'appelait une fois la *Maîtresse Légitime*, de Poupart Davyl — nous pourrions dire en collaboration avec Duquesnel, car il est de notoriété, et l'auteur en convenait lui-même, que le directeur avait été pour lui le plus précieux des collaborateurs — une autre fois les *Danicheff*, de Dumas et Corvin, et, ici comme là, la partie était gagnée. Gagnée encore avec la *Jeunesse de Louis XIV*, de Dumas, et l'*Hetman*, de M. Déroulède. Perdue avec *Joseph Balsamo*. Mais cette fois, c'était l'auteur qu'on voulait atteindre.

La guerre administrative redoublait ; le directeur était accusé de négliger le répertoire. Mauvais prétexte, quand on considère que les artistes de l'Odéon s'appelaient alors M˙mes Sarah-Bernhardt, Émilie Broisat, Blanche Barretta, Thérèse Kolb, Antonine, Hélène Petit, Clotilde Colas, Léonide Leblanc, Crosnier, MM. Porel, Marais, Valbel, Baillet, Truffier, Gil-Naza, Clerh... L'Odéon a-t-il jamais eu une troupe aussi belle et plus complète?

Se souciant fort peu des incessantes observations et du contrôle administratif, la direction inaugurait les vendredis classiques, et, essayant un système, heureusement continué et repris par M. Porel, elle remontait les chefs-d'œuvre du répertoire avec la musique du temps : le *Malade imaginaire* et le *Bourgeois gentilhomme* avec les intermèdes et les ballets chantés de Lulli; le *Mariage de Figaro* avec les entr'actes de Mozart. Elle fit mieux : elle délégua, chaque dimanche, ses artistes à la Gaîté, alors dirigée par Jacques Offenbach et Albert Vizentini. Ce furent, à vrai dire, les premières matinées parisiennes. Il n'y avait guère eu, avant la guerre, que les matinées de Ballande s'adressant à un public, tout neuf, de collégiens qui n'allaient pas encore aux courses et de parents qui les menaient chez Ballande comme dans une école à bachot. Interrompues par la guerre et la Commune, ces matinées reprirent en 1872... Sarcey lui-même, dans ses *Souvenirs d'âge mûr*, raconte qu'alors une masse flottante d'artistes sans engagements tendaient les mains vers Ballande et le suppliaient de leur donner une occasion de se produire dans l'ancien répertoire. Ballande leur faisait de belles promesses mais comme tout directeur qui se respecte, il ne les tenait que rarement. Parmi les acteurs connus, il s'en trouvait qui rêvaient d'entrer à la Comédie-Française et allaient demander à Ballande de remonter une pièce spécialement pour eux. Mme Marie Laurent jouait Clytemnestre; Mme Laurence Grivot, la *Fausse Agnès* de Destouches; Mme Duguéret, la Pauline de *Polyeucte*. Parfois des comédiens, déjà célèbres, allaient prêter leur concours aux matinées Ballande, uniquement pour prendre contact avec ce public nouveau du dimanche après-midi : M. Coquelin, Mme Arnould Plessy, M. Febvre. C'était Sarcey qui était chargé par Ballande de préparer les conférences. Les conférenciers s'appelaient Ernest Legouvé, Henri de Lapommeraye, Albert Delpit.

M. Duquesnel organisa à la Gaîté des matinées mixtes, dont le succès fut prodigieux. Les collégiens — j'en étais — réclamèrent *vingt-trois fois* le *Bourgeois gentilhomme* délicieusement reconstitué. Le comédien Dalis, adoré de ce public, jouait M. Jourdain; M. Vauthier, qui était alors le baryton favori de la Renaissance où l'on acclamait *Giroflée*, *la Petite Mariée* et les plus charmantes opérettes de Charles Lecoq, jouait et chantait le Muphti, et un jeune baryton, qui se nommait Lucien Fugère, était remarqué dans l'intermède... Car il y avait des intermèdes de toutes sortes, des grands et des petits ballets, scrupuleusement conformes à ceux qui s'exécutaient à la cour du Grand'Roi, et toute cette reconstitution avait été minutieusement opérée par M. Weckerlin. Ces vingt-trois représentations du *Bourgeois gentilhomme* avaient suivi celles du *Malade*, de *M. de Pourceaugnac*, des *Femmes savantes*, de l'*École des Maris*, de la *Vie de Bohême*, du *Barbier de Séville*, du *Marquis de Villemer*, et une opérette du répertoire, chantée par les artistes de la Gaîté, terminait le spectacle, joyeusement commencé par les artistes de l'Odéon. Qui ne se souvient, parmi les habitués de ces matinées, des représentations des *Rendez-vous bourgeois*? Le joli ouvrage de Nicolo avait pour interprètes Daubray, Christian, Fugère, Grivot, M⁰ᵉˢ Théo, Laurence Grivot, Révilly et Dartaux. C'est à ces mêmes matinées de la Gaîté-Odéon que fut donnée la reprise des *Érynnies*, créées en 1873 sur la scène de l'Odéon par Mᵐᵉ Marie Laurent et Taillade, rejouées à la Gaîté par les mêmes artistes. L'orchestre, les chœurs, le ballet exécutaient la partition complète, que M. Massenet avait écrite, deux ans auparavant, sur la demande du directeur de l'Odéon, et, comme un succès n'arrive jamais seul, M. Duquesnel faisait exécuter sur son théâtre, par l'orchestre de Colonne à son aurore, le bel oratorio : *Marie-Magdeleine*.

C'était le temps où, pendant que les troupes de l'Odéon et de la Gaîté triomphaient le dimanche dans des matinées qui furent uniques, les théâtres de genre, le Gymnase le premier, sous l'intelligente impulsion de Montigny, remontaient toutes les pièces de Scribe, de Dumanoir, de Bayard, de Biéville, connues sous le nom, quelque peu décrié, de comédies-vaudevilles. Landrol, qui était le Porel du Gymnase, avait à ses côtés Mme Blanche Pierson, qui, le soir, jouait une grande comédie de Sardou, quand elle n'en jouait pas deux, acclamée l'après-midi dans le *Mariage de Raison* ou la *Somnambule*, fredonnant très agréablement les vieux couplets de ce répertoire disparu. Mlle Maria Legault, à peine échappée du Conservatoire,

jouait la *Joie de la Maison* le dimanche matin,
et, le soir, *Nos bons Villageois*. On ne dédaignait
pas alors d'offrir, le même soir, sur trois scènes
différentes, l'*École des Femmes* avec des Agnès
qui, toutes trois, ont fait leur chemin, Mlle Rei-
chemberg à la Comédie-Française, Mme Barretta à l'Odéon, Mlle Legault au Gymnase... C'est
que le théâtre de Madame, qui a subi tant de
modifications et de crises, avait alors un répertoire et une troupe... Ravel donnait ses dernières représentations, et Lesueur apparaissait
encore, superbe, en Kirchef du *Fils de Famille*,
où il portait allègrement un « kiosque » au régiment, dont la cantinière était Mme Fromentin,
le colonel Landrol et le héros, tantôt M. An-
drieu qui nous a quittés pour la Russie, tantôt
M. Frédéric Achard, alors le grand jeune premier du Gymnase, le créateur de *M. Alphonse*
et de *Bébé*, aujourd'hui l'organisateur de ces
terribles et victorieuses tournées qui ont si gra-
vement atteint nos théâtres de province... Et
le brave Derval chantait, d'une voix digne et
déjà éteinte, les couplets de la *Femme qui se
jette par la fenêtre*, et Blaisot avait ses fidèles, et M. Francès amusait déjà, et Mme Marie

Samary imposait *Malvina ou l'Orpheline russe*...

Chaque théâtre avait donc deux répertoires, l'un pour le soir, l'autre pour les matinées. Mais peu à peu, l'Odéon, comme les autres théâtres, se contenta d'offrir le même spectacle les dimanches matin et soir. Il n'en aurait pas fallu davantage pour rappeler sérieusement à l'ordre M. Duquesnel. Une éclatante reprise du *Voyage de M. Perrichon* mit le feu aux poudres. La direction de l'Odéon fut un jour accusée d'avoir fait doubler, à Paris, les rôles de la pièce de Labiche et d'avoir délégué, à Lyon, en l'honneur de l'inauguration du théâtre Bellecour, les titulaires de *Perrichon*. M. Duquesnel, agacé par ces tracasseries administratives, envoya dédaigneusement sa démission dans une forme un peu brutale que nous ne reproduisons pas ici, bien qu'elle ait acquis force de légende. Il quitta l'Odéon, regretté par les auteurs et les comédiens qu'il retrouva bientôt, d'abord au Châtelet où il donna avec un retentissant succès le célèbre *Michel Strogoff*, qui eut quatre cents représentations consécutives et produisit plus d'un million de bénéfices, puis à la Porte-Saint-Martin où, chaque hiver, il risquait la partie sur une *Théodora* ou une *Tosca*, la gagnant toujours. On sait la suite. Le théâtre prenant un chemin qui lui semblait plein de périls, M. Duquesnel l'abandonna pour se remettre à la chronique parisienne et à la critique dramatique, où il tient aujourd'hui une des premières places.

M. Duquesnel, il n'est pas inutile de l'ajouter, n'avait jamais obtenu qu'une subvention de soixante mille francs. Chaque fois qu'il demandait la restitution de la subvention des cent mille francs — celle-ci avait été réduite de quarante mille francs après la guerre — on lui répondait invariablement « qu'il était trop habile pour en avoir besoin, et que l'État était trop pauvre... » C'est ce chiffre de soixante mille francs, qui, naguère, avait donné à l'auteur du *Fruit défendu* et des *Ennemis de la Maison* l'idée de célébrer la subvention en un à-propos d'où j'extrais ce couplet :

> Ses finances, messieurs, sont enfin en progrès...
> Car les représentants de tous les intérêts
> Ont fait, en sa faveur, un acte académique
> En lui votant, au nom de la France artistique,
> A la majorité de deux voix... un trésor !
> Soixante mille francs, la moitié d'un ténor.

C'est peu, me dira-t-on ? C'est beaucoup. C'est la vie !
C'est l'honneur ! L'Odéon accepte et remercie...

II

Charles de la Rounat renonça à ses fonctions de Commissaire du Gouvernement près les théâtres subventionnés et à son feuilleton hebdomadaire du *XIX° Siècle* pour reprendre l'Odéon. Il voulait à tout prix redevenir directeur du théâtre, où, de 1856 à 1867, il avait monté avec amour tant d'ouvrages qui avaient amené des batailles chez les étudiants. La Rounat, qui avait contribué à la réputation des Thiron, des Febvre, des Laray, des Jane Essler, des Dinah Félix, repassa les ponts. Mal lui en prit. Sa direction fut courte : il fut alors victime d'un accident terrible dont il ne se remit jamais. Il se traînait à l'Odéon fatigué, malade, s'appuyant sur M. Porel qui avait déjà pris, sous la direction précédente, une place prépondérante et sur M. Fernand Bourgeat, son fidèle ami. M. Porel dirigeait le travail des répétitions, M. Fernand Bourgeat était chargé des rapports avec les auteurs. Ni les dramaturges ni les comédiens ne se plaignirent de cette double suppléance.

M. Porel était à la fois comédien et directeur de la scène. La tâche était lourde et, quand, à la mort de la Rounat, on dut nommer un directeur, la lutte fut vive entre les deux collaborateurs de la Rounat, le directeur de la scène et le secrétaire général. Chacun avait ses défenseurs et des défenseurs acharnés. J'avais alors l'honneur d'appartenir à la critique et je ne fus pas du côté du vainqueur. La suite me donna tort : M. Porel réussit à l'Odéon. Mes torts, je les ai avoués, et avec d'autant plus de plaisir que je suis resté l'ami du secrétaire général, aujourd'hui chef des services du Conservatoire et suis devenu celui du directeur qui préside aux destinées du Vaudeville. Et M. Porel ne m'en voudra pas si, faisant de nouveau amende honorable, je cite ici le portrait que nous a donné de lui Alexandre Dumas, dans la notice qui suit l'*Ami des Femmes* — édition des Comédiens :

« Après trois ans et demi passés au Gymnase, M. Porel fut pris de la nostalgie de l'Odéon et il y retourna pour n'en plus sortir et pour devenir, à très juste titre, l'acteur favori de ce public jeune, tapageur, mais intelligent. Je l'ai retrouvé tout à fait consommé dans son art quand j'ai eu à mettre en scène la *Jeunesse de Louis XIV*, dans laquelle il jouait le grand Molière, dont il a le masque et qu'il a représenté dans douze pièces différentes. Il a été encore avec moi le Taldé gouailleur des *Danicheff* et le Richelieu de *Joseph Balsamo*. Je voudrais avoir plus d'espace dans ces notes, pour parler plus longuement de ce comédien à la fois si délicat et si précis, qui, n'ayant pas encore quarante ans, a créé plus de cent pièces rien que depuis cette guerre de 1870, où il s'est vaillamment battu, où il a été blessé d'un éclat d'obus, transporté à l'ambulance de l'Odéon et soigné par Sarah Bernhardt, laquelle s'était faite infirmière. Au contraire de cette grande tourmentée, Porel, infatigable comme elle, mais sédentaire, casanier même, tenant de la Thorillière, le comédien gentilhomme, et de Mabillon, le bénédictin de Saint-Maur, Porel s'est pris de la plus touchante tendresse pour ce vénérable Odéon qui, semblable au Philémon de la Fable, renaît toujours plus jeune, au moment où l'on croit qu'il va mourir de vieillesse. Une fois le rideau baissé, transformant sa loge en cellule, Porel, à la lueur de sa lampe, entouré de documents recueillis à grand'peine, d'archives et de paperasses de toutes sortes, Porel écrit, dans une langue nette et colorée, l'histoire de ce beau théâtre dont il s'efforce en même temps de refaire la fortune en lisant les manuscrits que les jeunes gens envoient, en donnant des avis excellents aux jeunes auteurs, des conseils de maître aux jeunes débutants, en jouant presque tous les soirs son double répertoire, ancien et moderne, devant son jeune public, qui le récompense de tant d'efforts par des applaudissements de bon aloi. Quand on a eu affaire à un artiste de ce mérite, doublé d'un homme de ce caractère, on remercie l'un et l'on salue l'autre ! »

Le salut est-il assez cordial, et comment dire, après l'auteur de l'*Ami des Femmes*, que de telles espérances n'étaient pas vaines ?

La direction la Rounat-Porel avait donné le *Bel Armand*, de M. Victor Jannet; *Severo Torelli*, créé par M. Lambert fils, sortant du Conservatoire, M. Duflos, M. Paul Mounet, M. Lambert père, Mme Tessandier, Mme Barety ; *Le Nom*, une des œuvres les plus puissantes d'Émile Bergerat, joué par M. Adolphe Dupuis et M. Porel, celui-ci remarquable dans un rôle de prêtre ; la *Formosa*, d'Auguste Vacquerie ; l'*Amhra!* de Grangeneuve ; *Mon fils*, du pauvre Émile Guiard, et enfin le *Mari*, d'Eugène Nus. Ce fut la dernière pièce que joua M. Porel.

* *

Le programme de la direction Porel était superbe. Dans tous les coins de Paris, la direction avait adressé de longs imprimés, indiquant les pièces reçues, les artistes engagés, les prix des abonnements aux soirées classiques et aux matinées-conférences du jeudi. Quelques jours après le lancement de ce formidable programme, M. Porel avait cent quarante mille francs d'abonnements dans sa caisse. Le coup avait porté.

Partant de ce principe que, de tous les théâtres, l'Odéon est le plus propre à tous les genres et le plus favorable à tous les essais, le drame en vers et la féerie, la comédie bourgeoise et le grand drame musical, ne pouvant oublier que l'Odéon avait eu la gloire de représenter le *Freyschutz* de Weber, le *Don Juan* de Mozart, et le *Barbier* de Rossini, M. Porel estimait que le succès de ces chefs-d'œuvre autorisait toutes les tentatives... Il usa donc largement de l'autorisation qu'il s'octroyait. D'autres diraient qu'il en abusa, puisque ses successeurs prirent l'engagement de ne plus donner de musique, à moins d'autorisation spéciale du Ministre.

La subvention qui, à la fin de la direction Duquesnel, avait été reportée au taux de 100.000 francs, allait être employée à la mise en scène, à la musique et à la résurrection d'ouvrages méconnus.

Les ouvrages méconnus étaient, sans ordre de dates : *Henriette Maréchal* des frères de Goncourt, que le succès à l'Odéon vengea des sifflets de la Comédie et où le comédien Duményl, qui avait passé inaperçu au Gymnase, se fit remarquer dans le rôle du Monsieur en habit noir, créé par Bressant; *Renée Mauperin*, des mêmes Goncourt, adaptée à la scène par M. Henry Céard, bien jouée par Mlle Cerny, qui venait de se révéler dans le petit pâtissier du *Numa Roumestan* d'Alphonse Daudet; *Germinie Lacerteux*, qui fut pour Mme Réjane, jusqu'alors la Parisienne exquise du théâtre de Meilhac et Halévy, l'occasion d'un triomphe qu'on n'a pas oublié : l'*Arlésienne*, de Daudet, dont la chute au Vaudeville restait inexplicable et qui, l'orchestre de Colonne ou celui de Lamoureux aidant, allait être pour l'Odéon de M. Porel et de ses successeurs, une vraie mine d'or.

Et M. Porel, on l'a dit, faisait une chose neuve et qui pouvait être de conséquence. M. Porel créait ou ressuscitait un genre de spectacle intermédiaire entre l'opéra-comique et la comédie en prose : ce spectacle, c'était la prose relevée de musique... La division de l'*Arlésienne* en trois actes n'avait pas de sens et le mot vague de pièce n'indiquait, en aucune façon, la famille d'ouvrages à laquelle l'œuvre appartient. L'*Arlésienne* est une élégie en cinq tableaux, une idylle en cinq suites de scènes mêlée de symphonies et de chœurs, de musique vocale et instrumentale.

Suivant une sage maxime développée par Émile Perrin dans une belle préface sur le théâtre, M. Porel pensait que la mise en scène idéale ne consistait point seulement dans l'exécution parfaite des décors et des costumes Selon lui, la mise en scène c'était — c'est encore — l'harmonie, et cette harmonie est dans le jeu des artistes, dans leur groupement sur le théâtre bien plus que dans le décor d'un Amable, d'un Carpezat ou d'un Jambon, ou le costume d'un Bianchini. Comme Perrin, il désirait qu'une volonté supérieure, attentive, invisible et présente, présidât à ce bon accord et réglât cette harmonie.

Et l'impeccabilité de ce bon accord, la perfection de cette harmonie nous ont donné des ouvrages si divers et si nombreux qu'en en commençant la liste, j'hésite, dans la crainte d'en oublier. J'ai cité les ouvrages ressuscités. Dirai-je ceux qui, tirés de Shakespeare, offraient à tant de poètes et de musiciens l'occasion de se révéler? Car ce fut encore une des manières de M. Porel que d'abriter, derrière le nom de Shakespeare, cruellement négligé, deux noms inconnus, celui d'un poète et celui d'un musicien. Et si, d'aventure, l'adaptation ne réussissait pas par la faute du musicien ou de l'adaptateur, c'était, bien entendu, Shakespeare qui était déclaré responsable de l'échec. Que d'articles alors sur Shakespeare! On avait applaudi le bel *Othello* de M. Grammont et le *Macbeth* de Lacroix. Mais irait-on jusqu'à *Shylock* et à *Beaucoup de bruit pour rien?* Le spectateur de l'Odéon était-il suffisamment préparé à ce genre de spectacle ?

Après M. Auguste Dorchain, qui présente, en vers exquis, *Conte d'Avril*, agrémenté d'une jolie musique de M. Widor, MM. Louis Legendre et Benjamin Godard donnent *Beaucoup de bruit pour rien;* MM. Edmond Haraucourt et Gabriel Fauré *Shylock;* MM. Georges Lefèvre et Francis Thomé, un *Roméo;* M. Adolphe Aderer, l'*Egmont* de Goëthe, soutenu par la musique de Beethoven.

Et tandis que poètes et musiciens trouvent à l'Odéon une large hospitalité, M. Porel reconstitue la musique de Moreau pour la reprise d'*Esther*, celle de Lulli pour la reprise de *Psyché*, celle de Monsigny pour la *Partie de Chasse de Henri IV* de Collé et maintient au répertoire deux tragédies dont, aujourd'hui encore, l'annonce sur l'affiche fait recettes : *Athalie* et les *Erinnyes*.

Toute cette poésie, relevée de musique, n'empêchait pas les jeunes écrivains de théâtre de se produire. M. Jules Lemaître lance son premier ouvrage dramatique, *Révoltée*, et le troisième acte, merveilleusement enlevé par

Mme Raphaële Sisos et M. Candé, fait sensation : M. Maurice Boniface s'essaie dans le *Marquis Papillon*, heureux spécimen de poésie légère : la direction donne à la *Marchande de Sourires*, de Mme Judith Gautier, un encadrement exceptionnel, et, désireuse de satisfaire ceux qui lui faisaient un grief, assez juste en somme, de se confiner dans les traductions mêlées de chant, elle appelle les écrivains aimés du Théâtre Libre, MM. Jean Jullien, Léon Hennique et Georges Ancey, qui nous offrent la *Mer*, *Amour et Grand'Mère*... Pour le retour de M. Guitry on remonte le *Kean* de Dumas, aussi soigneusement qu'on remonta naguère le *Michel Pauper*, d'Henri Becque, et le *Fils de Famille*, adroitement enlevé au répertoire du Gymnase. Et les ouvrages du répertoire sont là, complètement sus et montés, destinés à parer à l'insuccès d'un ouvrage nouveau : les *Faux Bonshommes* et la *Vie de Bohême*, ressources suprêmes et toujours certaines : les *Inutiles*, de Cadol, *Charles VII chez ses grands vassaux*, la *Maîtresse Légitime*.

Puis Mme Réjane fait son entrée à l'Odéon et cette entrée est triomphale. Elle avait jadis supérieurement créé la *Glu* de Richepin, à l'Ambigu, et c'est une raison de plus pour s'attaquer à *Germinie* et *Shylock*, mais comme si les pièces nouvelles ne lui suffisaient pas, elle reprend la *Famille Benotton* de M. Sardou, joue la Suzanne du *Mariage* qui, au Conservatoire, fut son rôle favori, et demande qu'on remette à la scène le *Fantasio*, de Musset. Entre temps, toute heureuse de tenir les emplois les plus variés, sentant qu'à ces transformations diverses son talent devient plus souple, sa diction plus classique, son style plus large, elle se repose en jouant un gentil vaudeville de MM. Bocage et de Courcy, la *Vie à deux*. Enfin elle crée la superbe et frémissante *Amoureuse*, de M. Georges de Porto-Riche. Que d'efforts, que de travaux, que de répétitions pour camper ce personnage tout de tendresse, de passion et de vie ! Et la première des comédiennes de nos théâtres de genre passe au rang des plus grandes artistes de ce temps, en cette soirée mémorable du 25 avril 1891.

Citer les artistes qui ont passé par l'Odéon de M. Porel, c'est dresser la liste des meilleurs comédiens de Paris : MM. Raphaël Duflos, Albert Lambert père et fils, Paul Mounet, Guitry, Chelles, Dumény, Candé, Calmettes, Marquet;

Mmes Aimée Tessandier, Segond-Weber, Cerny, Antonia Laurent, Raphaële Sisos, Alice Panot, Lynnès, Rachel Boyer, Marguerite Baréty, Rosa Brück et Yahne, laquelle, refusée au Conservatoire, était acclamée dans l'Innocent de *l'Arlésienne*. Les artistes des théâtres du boulevard eux-mêmes imitaient Mme Réjane, et notre pauvre et grand Daubray allait jouer à l'Odéon Péponnet des *Faux Bonshommes*, se préparant, sans rien en dire, à prendre la succession de Thiron à la Comédie-Française. Et M. Adolphe Dupuis y abordait le rôle de Tartuffe.

Combien encore j'en devrais nommer qui, Mlle Dux et M. Duard par exemple, ont préféré les succès dorés de la Russie aux applaudissements du public odéonien !

Nombre de directeurs de théâtres de genre auraient pris sans subvention le poste de M. Porel. Mais M. Lockroy, alors ministre, reconnaissant les services du directeur, renouvelait le privilège avant son expiration — suprême marque de confiance ministérielle. C'est que le directeur, malgré sa prédilection pour les drames et les tragédies musicales, ne négligeait pas le répertoire. J'ai entendu dire qu'il en donnait trop, ce qui avait une apparence de vérité quand on songe que, pour réaliser le programme que promettaient les longs imprimés auxquels je faisais allusion tout à l'heure, il lui fallait renouveler sans cesse les spectacles des lundis et des vendredis classiques et ceux des abonnés du jeudi. Besogne terrible pour les comédiens que celle d'apprendre des vers qu'ils ne devront dire que deux ou trois fois! N'est-ce pas le tragédien Damoye qui contait, un jour, qu'il avait, sous la direction Marck, appris dix mille vers de tragédie en une saison! A la fin de l'année, il résiliait son engagement et quittait le théâtre...

Mais le plus grand titre de gloire de cette direction sera d'avoir institué la conférence, cette forme familière de l'enseignement supérieur, disait judicieusement l'autre jour, en son discours de réception à l'Académie, M. Paul Deschanel, le fils du père même de la Conférence. M. Porel reprenait l'idée de Ballande; l'essentiel était de la moderniser et de lui prêter une forme neuve.

La réussite fut complète. Sarcey, qui avait été à l'école des Legouvé et des Deschanel, fut le roi de ces causeries familières et instructives.

Le gros bon sens, la santé florissante, la bonhomie large, le bon garçonnisme épanoui du critique faisaient merveille. L'homme de théâtre était toujours là, chroniqueur, critique ou conférencier, étalant ses théories, amusant et s'amusant, ayant la foi et l'inspirant, connaissant son public et l'aimant, simplifiant les ouvrages tourmentés, éclaircissant les scènes obscures, trouvant une joie infinie à tout adapter à « l'optique » de ce public et à la « rampe » de ce théâtre. Cette méthode de causerie, à la fois sincère et claire, était toute entière dans l'annotation des impressions de l'auditeur. Le conférencier recevait les opinions, les analysait et les commentait, trouvant toujours la formule moyenne, mais juste et définitive, considérant, en un mot, le théâtre comme un genre particulier et l'ouvrage dramatique comme une marchandise destinée à être débitée et vendue à un public ignorant. Et il fallait l'entendre développer, avec autant de robuste sincérité que de verve entraînante, ses théories un peu étroites, mais si aisées! Il fallait l'entendre, au beau milieu d'une causerie sur le *Cid*, au moment même où, en prestidigitateur avisé, il démontait les héros de Corneille, demander cavalièrement l'heure au spectateur naïf du premier rang de l'orchestre. Effet certain, effet d'une cordialité charmante, effet de repos, grâce auquel la causerie, je dirai volontiers la scène, reprenait de plus belle son mouvement théâtral, conventionnel et voulu. Et le public de l'Odéon ne se lassait point d'applaudir ces scènes savamment et amoureusement préparées, et le nom de Sarcey sur l'affiche c'était la vedette, c'était l'étoile, c'était le maximum assuré...

Non content d'avoir une seule étoile, M. Porel en préparait d'autres. Il avait sa troupe de conférenciers. Et d'abord, M. Lemaître, tout entier alors à la critique et au théâtre, doutant de tout et de lui-même, donnant à son auditoire étonné et ravi l'impression d'un croyant et d'un sceptique, parlant supérieurement d'un poète et laissant tout à coup entendre que ce poète se rit de nous, raillant doucement et sans y toucher, follement irrévérencieux, délicieusement insincère, tout plein de naïvetés imprévues et de scandaleuses hardiesses.

Le 17 novembre 1887, un jeune maître de l'Université, professeur à la Sorbonne, M. Gustave Larroumet, allait, pour la première fois, paraître devant le public de l'Odéon; ses collègues de la Sorbonne s'étaient donné rendez-vous à l'Odéon, les élèves guettaient le professeur et les habitués du théâtre attendaient impatiemment ce sensationnel début. Ce fut un triomphe : la causerie sur les *Femmes savantes* et les *Jeux de l'Amour et du Hasard* fut étincelante, semée de fines anecdotes, d'aperçus ingénieux et d'idées neuves, sans ombre de pédanterie, relevée par une diction parfaite et un savoureux accent méridional. Un maître conférencier était né : l'Université en tenait encore un et chantait victoire !...

Le programme de ces conférences de 1887-88 était le suivant :

Octobre. — *Horace*, l'*Avare*, Francisque Sarcey.

Novembre. — *Iphigénie*, le *Misanthrope*, H. de Lapommeraye. — *Cinna*, les *Plaideurs*, Emile Deschanel.

Décembre. — Les *Femmes savantes*, le *Jeu de l'Amour et du Hasard*, Gustave Larroumet.

Janvier. — *Andromaque*, le *Barbier de Séville*, François Coppée. — Le *Cid*, les *Précieuses ridicules*, Jules Lemaître.

Février. — *Britannicus*, le *Légataire universel*, Eugène Talbot.

Mars. — *Phèdre*, *l'Epreuve*, Emile Faguet. — Le *Mariage de Figaro*, Gustave Larroumet.

Avril. — *Mérope*, le *Joueur*, Auguste Vitu.

Plusieurs conférenciers manquèrent à l'appel, mais les habitués de l'Odéon ne soufflaient mot. M. Porel, encouragé par ses lundis et ses jeudis, venait de créer les soirées classiques du vendredi. Un fauteuil pour 15 soirées coûtait 37 fr. 50; une seconde galerie, 22 fr. 50. C'était pour rien.

M. Porel s'assurait le concours de MM. Emile Faguet, Eugène Lintilhac, Maurice Barrès, Marcel Fouquier, Henri Chantavoine, René Doumic. Mais cette magnifique série allait avoir un clou : M. Brunetière « engagé spécialement » allait donner, sur les époques du Théâtre-Français, quinze magistrales conférences.

Alors que Sarcey attachait tant d'importance à la convention, à l'optique, à la rampe, et au grossissement, M. Brunetière proclame que le théâtre a deux lois essentielles : la première est qu'il faut qu'une action, pour être vraiment du théâtre, tourne autour de quelque question d'intérêt général, d'un cas de conscience ou d'une question sociale. La seconde loi, c'est celle qui veut qu'une action théâtrale soit conduite par des volontés sinon toujours libres, au moins conscientes d'elles-mêmes. Quant à l'objet du théâtre, à son pourquoi, est-ce la réalisation de la beauté ou le simple amusement des honnêtes gens? Est-ce la peinture des hommes d'après nature, la satire des ridicules ou la représentation des passions? M. Brunetière pense que le roman pourrait y suffire et que tout cela, selon les temps, les lieux et l'occasion, peut entrer dans la définition du théâtre. Mais il ajoute que ce qui n'appartient qu'au théâtre, ce qui fait à travers les littératures, depuis les Grecs jusqu'à nous, l'unité permanente et continue de l'espèce dramatique, c'est le spectacle d'une volonté qui se déploie et voilà pourquoi l'action, et l'action ainsi définie, sera toujours la loi du théâtre.

Hugo, dans sa préface de *Cromwell*, avait dit : « Le théâtre est un point d'optique. Tout ce qui existe dans le monde, dans l'histoire, dans la vie doit s'y réfléchir, mais sous la baguette magique de l'art. »

M. Brunetière n'a pas moins bien dit : « le spectacle d'une volonté qui se déploie ». Mais revenant, pour ainsi dire, sur ses pas, faisant une large concession aux partisans de la convention, il reconnaît, avant de prendre congé de son public, que la dernière des lois du théâtre a pour elle d'assurer le respect de la tradition sans lequel, en aucun genre ni en aucun art, il ne saurait y avoir d'innovation féconde. Et comme si cette proclamation pouvait être mal interprétée : « Il y a, reprend-il, un métier ou un art du théâtre, parce qu'il y a des conditions qui ont comme présidé à la détermination du théâtre en tant que genre et sous l'action desquelles il s'est différencié du roman, par exemple, ou du récit lyrique... Et la première, enfin, de ces lois, en maintenant les communications nécessaires du théâtre avec les autres genres — mais surtout avec la vie — l'empêche de s'isoler en lui-même et lui rappelle que l'art est fait pour l'homme et non l'homme pour l'art, ni surtout l'art pour l'art. »

On voudrait tout citer... Leçons et sermons, avait-on dit, transformation de l'Odéon en Sorbonne, que sais-je ! Ce qu'il faut dire, c'est que

M. Brunetière n'a jamais rien livré de plus complet et que M. Porel procura à ses abonnés, durant quinze séances consécutives, un inappréciable plaisir.

Le 25 février 1892, M. Brunetière donnait sa quinzième et dernière conférence. En mars, M. Porel remettait sa démission entre les mains de M. Léon Bourgeois. Le ministre, surpris par cette brusque décision, décrétait que, dorénavant, le concessionnaire ne pourrait renoncer à son privilège sans perdre son cautionnement qui, de 30.000 francs, était porté à 60.000 francs. Le cahier des charges de M. Porel exigeait un minimum de 16 actes nouveaux; celui du successeur portait ce nombre à 21. Un article additionnel stipulait que les ouvrages, empruntés aux théâtres étrangers, ne pourraient être considérés comme ouvrages nouveaux.

M. Porel, démissionnaire, ne resta pas moins à l'Odéon jusqu'à fin juin 1892, offrant comme dernière pièce nouvelle les *Vieux Amis*, de M. Jacques Normand, aimable pendant à l'ouvrage qui, en 1885, avait inauguré sa direction, la douce *Maison des deux Barbeaux*, de MM. André Theuriet et Henri Lyon. La cause de ce brusque départ? Les uns prétendaient que M. Porel, dépité de n'avoir pas obtenu le privilège de l'Opéra accordé à Eugène Bertrand, avait cédé à un mouvement de colère; les autres, que M. Porel caressait depuis longtemps le rêve d'être son maître et de ne dépendre d'aucun chef. Les uns et les autres avaient raison : mais je puis bien affirmer que ce n'est pas sans un vrai chagrin que l'artiste qui, en 1862, avait créé à l'Odéon une des sorcières de *Macbeth* et y avait passé le meilleur de sa vie, tour à tour comédien, historiographe et directeur, abandonnait son théâtre... J'assistai à la scène : elle fut touchante : je me souviens même que M. Porel avait négligemment laissé quelques-uns de ses livres en son cabinet directorial, histoire d'aller les rechercher les uns après les autres!...

Le matériel que M. Porel léguait à ses successeurs ou, pour être plus exact, à l'État, était tout flambant neuf. Le *Songe d'une Nuit d'été* d'abord, *Caligula* ensuite, avaient été luxueusement remontés, mais sans profit. Il y avait dans le magasin des costumes et des décors, tout un matériel qui n'avait pas encore été utilisé. Le poste était tentant... Qui n'a pas rêvé, même aux plus mauvais jours, d'être directeur de l'Odéon? Les compétitions furent nombreuses, mais suivant l'usage, ce fut le directeur de la scène qui fut appelé à la direction du théâtre. M. Porel, directeur de la scène sous M. la Rounat, avait été nommé directeur. M. Marck, directeur de la scène sous M. Porel, fut désigné pour le poste, s'adjoignant comme administrateur le secrétaire général du théâtre, M. Emile Desbeaux.

Un an après la nomination de MM. Marck et Desbeaux, j'étais moi-même appelé à faire partie du Comité de lecture de l'Odéon. Ce Comité, il n'est pas inutile de le faire remarquer, est, avant tout, une commission de contrôle et de surveillance : les pièces ne lui sont pas lues : les rapports sur les ouvrages lui sont présentés, et fort intelligemment, par M. Charles Samson. Seul, le directeur de l'Odéon est maître de la réception de ses pièces. Le Comité de surveillance a le droit de désigner, chaque année, une petite pièce, et tous les deux ans, une grande. Il a décidé, l'an dernier, que cette pièce, petite ou grande, devrait être signée d'un auteur dont le nom n'aurait paru sur aucune espèce d'affiche. Ajouterai-je que ce Comité, qui se réunit chaque mois, n'abuse pas de son droit de réception et laisse au directeur liberté entière? Et comment pourrait-il en être autrement dans un théâtre dont le directeur est un commerçant responsable qui risque ses propres deniers? Donc je passe, ne croyant pas, pour des raisons que j'ai dites, devoir insister sur les actes des directions qui ont suivi celle de M. Porel. Je ne puis que rendre hommage à la parfaite intégrité de la direction Marck et Desbeaux, qui a eu l'honneur de monter *M. de Réboval*, une des premières pièces de M. Brieux; *Yanthis*, de M. Jean Lorrain; le *Ruban*, de MM. Georges Feydeau et Maurice Desvallières; les *Deux Noblesses*, de M. Henri Lavedan; *Mariages d'hier*, de M. Victor Jannet; *Pour la Couronne*, de M. Coppée, cette dernière pièce jouée par Mlle Wanda de Boncza qui était alors l'étoile du théâtre.

Je n'insisterai pas davantage, et pour des raisons analogues, sur la direction présente, et je passerai sous silence les retentissants démêlés qui troublèrent l'administration Ginisty-Antoine. Ce sont des faits aujourd'hui parfaitement oubliés ; j'y ai été trop personnellement mêlé pour m'arroger le droit de juger les actes de celui-ci ou de celui-là, et je constate que le divorce a réussi aux deux époux [1].

Cela dit, faut-il rappeler que la direction actuelle, d'abord hésitante, a enregistré les succès de *Mon Enfant*, de M. Ambroise Janvier ; de *Collinette*, de MM. Lenôtre et Martin ; de la *Reine Fiammette*, de M. Catulle Mendès ; de l'*Étranger*, de M. Auguste Germain, et les triomphes du *Chemineau*, de M. Richepin, et de *Ma Bru*, de MM. Fabrice Carré et Paul Bilhaud, qu'elle a bien fait de reprendre les *Corbeaux*, d'Henri Becque, de maintenir au répertoire le *Roman d'un jeune homme pauvre*, de Feuillet ; les *Fourchambault*, d'Augier, et qu'elle a mieux fait encore en exploitant de très heureuse, très fructueuse et très démocratique manière, une idée de M. Catulle Mendès et en créant, chaque samedi, des séances littéraires, précédées de causeries, au prix modique de 1 franc et de 0 fr. 50.

[1]. Cet article ayant été publié au commencement de l'année 1900, cette liste ne contient pas les ouvrages représentés depuis cette époque.

L'institution des conférences a honoré la direction Porel; celle des samedis littéraires consacrés à la représentation de petits ouvrages nouveaux, à la résurrection de piécettes oubliées ou aux chansons anciennes, n'honore pas moins la direction actuelle. Le devoir du directeur de l'Odéon est, en effet, d'ouvrir son théâtre à tous les essais et aussi à tous les publics. Il faut appeler le public et, l'après-midi et le soir, renouveler sans cesse l'affiche, chercher toujours du nouveau et donner constamment l'éveil.

Plus les appels seront répétés, plus ils auront chance d'être entendus. Et n'est-ce pas une vérité, qui se passe de démonstration, que la foule attire la foule? J'irai plus loin, et je dirai que le Second Théâtre Français doit chaque jour varier son affiche. Le répertoire doit défiler sous les yeux du public. Je pense aussi — et cette observation ne s'adresse ni à la direction présente ni à la précédente, elle remonte plus haut — qu'un ouvrage ne doit pas disparaître de l'affiche lorsqu'il a eu une série de représentations; les ouvrages démontés, je me sers intentionnellement du terme technique, devraient être inconnus à l'Odéon. A quoi sert d'avoir un répertoire, d'être un théâtre d'État, de remonter un *Fils Naturel*, un *Roman d'un jeune homme pauvre*, des *Corbeaux* ou des *Fourchambault*, si les noms de Dumas, de Feuillet, de Becque et d'Augier disparaissent, invariablement, lorsque la dernière représentation de ces ouvrages est affichée? Il n'y a pas de « dernières » en un théâtre de répertoire, et la troupe, qui n'est que trop nombreuse, doit posséder des artistes à même de savoir tous les rôles, classiques et modernes en double, en triple et en quadruple.

Cette troupe, où la recruter? C'était là le grand argument de M. Porel. Il n'est pas de séance de Conservatoire où il ne réclamait, pour le directeur de l'Odéon, le droit absolu d'engager les premiers lauréats de l'École de déclamation. Ce stage lui semblait indispensable pour que l'Odéon justifiât son titre, qui est son honneur, de Second Théâtre Français. Pour un peu, il aurait demandé la fusion des deux théâtres français et du Conservatoire. Théorie séduisante, comme toutes les théories de théâtre, mais singulièrement difficile à mettre en pratique!

SOUVENIRS DE THÉATRE

1872-1902

Février 1902.

LES BROHAN ET LES SAMARY

1872-1902... Trente ans! Une vie presque... Tandis que l'excellente direction de l'Odéon de M. Duquesnel offrait une reprise sensationnelle de *Ruy Blas*, le Vaudeville donnait, à la même date, *Rabagas* dont l'auteur a conté, avec tant de bonne grâce et d'esprit, l'éclosion, la naissance et la suite. Le lendemain même de la Commune, il avait osé faire un pamphlet, une satire, une comédie politique... Combien de fois Sarcey me conta qu'un de ses remords — il en avait pas mal! — c'était *Rabagas*. Il avait, en effet, été terrible pour la pièce. Il avait reproché à l'auteur de n'avoir pas fait Figaro ou même Giboyer. Il eût souhaité que toutes les époques, et surtout celle de 1872, si triste et si particulière, pussent se reconnaître en cette brasserie du « Crapaud volant » qui est, on s'en souvient, dans la pièce, le bureau de rédaction du journal d'opposition. Sarcey n'avait pas compris — et il le regrettait — que l'écrivain de *Rabagas* avait été un novateur, un oseur, et qu'une telle audace, un an après nos désastres, devait forcer toutes les sympathies. Il y avait, d'ailleurs, entre ces deux hommes si parfaitement faits pour s'entendre et qui ont joué un rôle considérable dans notre théâtre contemporain, un éternel malentendu... Sarcey proclamait que le théâtre, c'était M. Sardou lui-même. Il aimait à répéter, avec autant de justesse que de malice : « Relisez, jeunes gens qui vous destinez au théâtre, le discours que prononça M. Sardou lors de sa réception à l'Académie ! C'est un chef-d'œuvre ! On n'a rien écrit de pareil... Tout y est ! Il voit un paysage et voici le décor. Il écoute une conversation et voici le dialogue. Il passe dans la rue et voici le drame. Il aperçoit une jolie femme et voici la coquette ! Et là est le théâtre, là est la force du dramaturge ! Il a le don, il a le théâtre dans l'os ! »

Et quelle n'était pas notre surprise quand, quelques jours après ce panégyrique, le *Temps* nous apportait un feuilleton plein de réserves sur la nouvelle pièce du parfait dramaturge qui avait « le théâtre dans l'os ». Il y a, dans les *Quarante ans de théâtre* de Sarcey un billet exquis adressé par le dramaturge au feuilletonniste, à la suite d'un article sur *Nos Intimes* :

« Vous malmenez bien la plupart de mes pièces, mais vous ne les empêchez pas d'être jouées dans le monde entier. Je raille bien quelquefois vos articles, mais ils n'en sont pas moins attendus et lus avec empressement. »

Et la querelle continuait, ardente, passionnée... Cependant Sarcey n'oubliait jamais de raconter la fameuse rencontre, le soir de la première de *Nos Intimes*. La pièce avait été aux nues : le critique s'était croisé, dans l'escalier du Vaudeville, avec le jeune auteur inquiet, tremblant, ne voulant pas savoir...

— Mais sachez donc, lui cria Sarcey, débordant d'enthousiasme, que c'est un triomphe !... Embrassons-nous ! C'est la plus belle soirée à laquelle j'aie assisté au théâtre, et je vous en prédis beaucoup de ce genre. »

Sarcey fut bon prophète. Je crois bien que, depuis ce jour-là, en dépit des discussions passagères, l'amitié était scellée entre les deux hommes, et je suis bien certain que M. Sardou ne m'en voudra pas d'avoir rappelé ce réchauffant souvenir de jeunesse.

L'année 1872 ne nous donna guère, comme œuvres remarquables, en dehors de *Rabagas*, que les étincelantes *Sonnettes* de Meilhac et Halévy et l'*Arlésienne*, à laquelle on bâilla et qui tomba lourdement, sous le prétexte qu'il n'y avait pas de pièce! J'allais rappeler, aux Variétés, le *Tour du Cadran*, et à la Comédie-Française, *Hélène* d'Edouard Pailleron, tragédie bourgeoise assez pâle qui ne pouvait faire supposer que, neuf ans plus tard, le même auteur nous donnerait le *Monde où l'on s'ennuie*... Et voici que j'apprends la mort d'Henri Samary, le frère de cette pauvre Jeanne, la créatrice inoubliable, précisément, de cette Suzanne de Villiers qu'elle joua, pour la dernière fois, au commencement de septembre 1890, revenant de Trouville, quittant sa petite maison de la rue de la Cavée pour faire son devoir, déjà terrassée par le mal!...

C'est le même mal qui enlève aujourd'hui son jeune frère. J'ai été un des plus intimes amis de cette famille qui ne compta que des artistes, tous enfants de la balle. C'est Madeleine Brohan — Madame Madeleine — qui avait donné le bon exemple à Jeanne, à Marie, à Henri, à Mme Reichenberg. Elle-même l'avait reçu de sa mère Suzanne et de sa sœur Augustine... Henri était le plus jeune, l'enfant gâté de la maison : c'était le petit prodige. En 1883, il était un des meilleurs élèves de M. Delaunay. Beau cavalier, svelte, élégant, disant juste, portant un nom aimé entre tous, il paraissait le successeur désigné de M. Delaunay, l'interprète idéal de Valentin, de Perdican, de Fortunio. Au Conservatoire, comme dans sa famille, on l'adorait. Il avait alors pour camarades de classe Albert Lambert fils et Pierre Laugier, Mlles Darlaud, Muller, Marsy et Marguerite Baréty. Il fit partie de ce célèbre concours qui nous donna trois premières lauréates : Mlles Brandès, Bruck et Marsy. Il concourut pour la première fois en public dans *Il ne faut jurer de rien*, et sa partenaire était Mlle Darlaud, qui quitta l'École pour entrer au Gymnase. Mais il voulait, lui, attendre son premier prix : il le gagna, l'année suivante, dans les *Faux ménages*, et débuta à la Comédie-Française dans le *Menteur*. Il y fut exquis. Il ressemblait étonnamment à sa sœur Jeanne, sous la perruque de Dorante, et c'était une raison de plus pour lui concilier tous les suffrages... Quand la pauvre Jeanne, jouant Toinette du *Malade imaginaire*, se déguisait au troisième acte en médecin, la ressemblance avec son frère, qui jouait l'amoureux, était telle qu'on se demandait s'il n'y avait pas méprise. Pendant de longues années, il tint, avec un réel talent, l'emploi des amoureux, marquant le pas, attendant patiemment... Ennuyé d'attendre, il quitta la place et, après une incursion dans l'opérette, il abandonna le théâtre et épousa sa camarade Mlle Méaly.

La dernière fois que je les vis tous les deux réunis, c'était à la première représentation de la charmante *Revue des Variétés* de MM. Paul Gavault et Adrien Vely.

— Dites donc, me disait-elle, que c'est vous qui avez lu ma première chanson quand je débutai au café-concert! On me vieillit toujours, mais vous savez mon âge, et vous vous souvenez de la *Marquise de Pont-Cassé*, ma première chanson de « gommeuse » et aussi de mon premier rôle de commère à l'Eldorado !

Puis, gaîment, elle fredonna ces deux vers dont l'auteur a bien fait de garder l'anonyme :

Inclinons-nous devant Emile Augier,
De Molière noble héritier !...

Et le brave garçon écoutait, regardant avec amour sa gentille compagne. Elle allait entrer en scène... Nous ne nous étions pas vus depuis bien des années et nous étions ravis de repasser ensemble nos impressions de jeunesse et d'enfance. Il me contait qu'il était heureux, et cependant, visiblement et sans l'avouer, il regrettait le théâtre, et particulièrement la Comédie où son nom et son talent lui auraient assuré une belle place. Se laissant aller à la douce joie du souvenir, il me parla des disparus, de sa tante Madeleine... Je lui disais avoir relu récemment nombre de lettres d'elle. Je lui en avais réservé une d'une touchante simplicité et je devais la lui remettre à son retour ! C'est la lettre qui m'annonce la mort de Suzanne Brohan... Elle est datée de Fontenay-aux-Roses, du 16 août 1887. La voici :

« J'ai perdu ma mère, mon ami. Elle est morte, dimanche à six heures. Je suis bien malheureuse. Vous savez qu'elle était malade depuis six mois. Le médecin de Fontenay, le docteur Faure, l'avait ramenée une fois. Il l'a soignée avec tant d'habileté et d'affection ! Je ne l'oublierai jamais. Il y a eu une rechute il y a quinze jours, une congestion. Depuis, elle est allée s'affaiblissant. Le dernier cri qu'elle a poussé a été mon nom. Elle m'appelait au secours ! Ah ! mon ami, quelle épreuve ! quel déchirement ! Une seule pensée me soulage : j'ai fait mon devoir. Elle est là encore, couverte d'un monceau de fleurs. On en apporte de tout le village... Elle sera enterrée demain à Fresnes, un petit village que nous avons habité longtemps. J'y ai fait faire notre caveau. Moi et mes enfants nous irons rejoindre là ma pauvre mère et ma grand'mère. Que Dieu vous garde d'un pareil malheur !

« Au revoir. Je vous embrasse, mon cher enfant.

« Votre pauvre vieille amie,

« Madeleine Brohan. »

Et voici que ce grand garçon, plein de jeunesse et de santé, les rejoint avant l'heure ! Il adorait le théâtre : il le quitta la mort dans l'âme. Il n'avait qu'un rêve : y rentrer... En rappelant ce que fut Henri Samary, je ne remplis que simplement, mais de tout mon cœur, un devoir d'ami fidèle envers cette famille désolée...

LES DÉCORATEURS

Février 1902.

Nous avons fêté, samedi, notre ami Amable qui vient d'être fait chevalier de la Légion d'honneur. Une surprise nous était réservée : un toast de M. Sardou à l'adresse des deux décorateurs, le ministre et l'artiste. Nous avons seulement regretté que notre président, qui voulait bien se départir de son habituelle réserve, ne nous ait pas conté ce qu'est, pour un dramaturge avisé, un décorateur qui sait son métier. Il nous aurait donné là une excellente leçon de théâtre... N'est-il pas vraiment dommage de penser que l'homme de théâtre, tel que nous le présentaient nos anciens — nos oncles! — tend à disparaître? Il y a bien encore l'amateur qui a assisté à toutes les premières et vous dira par cœur les noms des créateurs ; il y a bien encore l'auteur qui, avec une charmante bonhomie, contera ses aventures, à la façon d'Ernest Blum, dans son très amusant *Journal d'un vaudevilliste*, un modèle du genre. Mais visiblement, le professionnel d'aujourd'hui dédaigne l'anecdote : il va voir la pièce bien plus par devoir que par plaisir; il la dissèque complaisamment, mais sans joie. Au fond, aime-t-il le théâtre ?

C'est M. Henry Roujon qui, en lettré délicat, a retracé la belle carrière du grand peintre décorateur et a retrouvé, le samedi, le même succès que le lundi à la Société des gens de lettres. Puis, M. Gailhard, avec beaucoup de verve, nous conta de gaies anecdotes. Quant à Amable, il était si profondément ému qu'il n'a pas eu la force de répondre. C'est qu'en même temps qu'il est un artiste de talent rare, il est aussi le plus modeste des hommes. N'a-t-il pas refusé de porter le ruban avant d'avoir reçu l'accolade traditionnelle de son parrain ? L'*Officiel* ne lui suffisait pas !... Il a de ces naïvetés d'enfant ; ce n'est pas lui qui croit à la critique nouvelle ! Il ne conçoit pas qu'il y ait des gens qui s'ennuient au théâtre ; il exige qu'on rie aux vaudevilles et qu'on pleure aux mélodrames ; il n'admet pas qu'on braque sa lorgnette pour regarder dans la salle. Il ne reconnaît au spectateur qu'un droit, celui d'écouter. Il n'y a pas, pour lui, deux catégories de pièces, les bonnes et les mauvaises ; toutes les pièces sont bonnes ! Amable me développait, il y a quelques jours, ces idées. Je l'admirais, je l'enviais ; je croyais avoir devant moi un spectateur d'un autre temps, d'un très heureux temps. Je lui demandai des souvenirs, des biographies, et il m'apporta un paquet de lettres.

Des lettres, non ! Des notes éparses, presque toutes signées Sardou, toutes accompagnées de croquis : « Il ne faut pas, mon cher Amable, donner à l'intérieur de Rysoor un air de palais, afin de ne pas créer une ressemblance avec la salle du duc d'Albe. C'est de la renaissance allemande, lourde, massive. » Et, en regard de ces quelques lignes, un dessin net, donnant l'indication précise. Une autre fois, c'est une porte de fond du palais de Justinien, toujours avec un croquis à l'appui, ou bien encore cette note : « Voir l'ouvrage de Bayet sur l'art byzantin, chez Quentin. Il est indispensable de se procurer ce petit volume qui coûte, je crois, 8 francs, et où il y a tout. » Et Amable, soupirant, ajoute :

— Ce sont là tous mes souvenirs ! »

Et, comme je le questionne et insiste, je devine que le décorateur en a vu de rudes avant d'exister. Car il existe aujourd'hui, mais au prix de quels efforts ! Il est quelqu'un, il compte, il figure sur l'affiche. Mais c'est une révolution qui a été accomplie ! Pierre Decourcelle ne me contait-il pas qu'en ces théâtres de drame, où la décoration a tant d'importance, les décorateurs n'assistent pas toujours à la lecture de la pièce. Il faut rendre justice à l'auteur des *Deux Gosses* : il a beaucoup fait pour mettre au premier rang, c'est-à-dire à sa vraie place, le décorateur. C'est lui, précisément, qui demanda à M. Jambon de l'accompagner en Algérie où il allait chercher sur place tous les documents nécessaires pour l'*Autre France*, une pièce excellente, d'une belle tenue et qui n'eut pas le succès qu'elle méritait. La vérité est que c'est surtout dans les opéras, les drames et les féeries que le décorateur peut montrer les différentes faces de son talent. Mais hélas ! ici encore plus qu'ailleurs, que de talents ignorés ! A côté des Jambon, des Amable, des Carpezat, des Lemeunnier, grandissent les Jusseaume et les Ronsin. Il y en a dix qui sont connus, quand il y en a des milliers qui travaillent et n'arrivent pas à gagner leur pain...

Il n'est pas de métier à la fois plus dur et moins lucratif. Croquis, maquettes, brossage, mise au point, livraison au théâtre. Et les accrocs imprévus ! Et toute cette besogne, longue et pénible, payée au mètre ! Puis, la plantation, la collaboration quotidienne avec le machiniste en chef ! On répète le décor, la veille d'une première, comme on répète la pièce elle-même. Et, le lendemain de la première, une mention honorable pour le décorateur, quand ce n'est pas l'oubli complet. Et, ce qui est plus surprenant, c'est que nos décorateurs sont encore des privilégiés. En Angleterre, où tous les décors « à eau » sont de pures merveilles, le métier est plus dur. En Italie où, le plus souvent, le décor est, suivant l'expression même des Italiens, un simple papier roulé, le décorateur n'existe pas. En Allemagne, où on atteint des effets de lumière extraordinaires, même indifférence !...

... Amable poursuit et s'anime. Il parle de son art, de ses rêves. Il est fils d'un artiste célèbre. Il a lui-même commencé par jouer la comédie aux Funambules, aux théâtres du boulevard du Temple, au théâtre Comte, jusqu'au jour où Robecchi le prit avec lui.

Il est né au théâtre et il y mourra.

— Pourvu que ce soit dans un beau décor! soupire-t-il.

... Et il oublie ses débuts difficiles pour ne plus penser qu'à la victoire définitive : il a la foi et l'espérance. Et n'est-ce pas un critique, qui devait être à ses heures un poète, qui a dit que la comédie, sous quelque forme qu'elle se présente, bouffonne ou sérieuse, triste ou gaie, est toujours la comédie? Et la décoration théâtrale, c'est encore de la comédie, et de la comédie qui plaît, charme, attire et passionne.

L'écueil, c'est que les décorateurs sont les sacrifiés du théâtre et n'y occupent pas le rang qu'ils méritent. Que de féeries doivent à eux seuls, le succès final! Que de fois une apothéose merveilleusement préparée a sauvé un dénouement naïf! Le spectateur, qui ne va pas au fond des choses, croit que, pour offrir une décoration, l'artiste n'a qu'à répandre des couleurs et à les mélanger : l'affiche ne dit pas toujours les noms des décorateurs, et c'est à peine si la critique les mentionne. On applaudit les comédiens d'abord, l'auteur ensuite, on admire les costumes, on contemple les maillots, et l'on ne se dit pas que les décorateurs savent parfois mieux la perspective que les peintres et que rien dans leurs gigantesques travaux n'est livré au hasard. On ne se dit pas que cet art de la décoration a fait des progrès tels qu'aujourd'hui, pour être Amable ou Jambon, il faut connaître tous les pays, posséder toutes les époques et savoir son histoire sur le bout des doigts.

C'est pour protester contre ces oublis que nous avons groupé l'autre soir autour du nouveau chevalier de la Légion d'honneur tous ses amis. Les hommes les plus autorisés, en proclamant que la décoration théâtrale rivalisait avec la peinture, ont rendu aux Amable, aux Jambon, aux Carpezat la place qui leur est due.

DIEUDONNÉ

Mars 1902.

Le déjeuner venait de finir... Jules Huret nous avait spirituellement conté sa visite dans les théâtres de Berlin... On sonne... On nous annonce Dieudonné...

Il est plus jeune que jamais, plein de santé et débordant d'espérance. Immédiatement, il se met à la besogne et nous conte sa vie.

— Trente ans de théâtre? Cinquante, vous voulez dire, mes amis!

Et voici l'album soigneusement relié, en tête duquel nous trouvons la lettre officielle, signée Auber, annonçant au jeune Dieudonné qu'il est admis au Conservatoire et qu'il devra s'y rendre muni de son acte de naissance et aussi d'un certificat de vaccine (*sic*). Cette lettre est du 20 juin

1853 : elle est accompagnée de l'engagement de l'acteur dans la troupe de Rachel. La grande artiste, sous la direction de son jeune frère Raphaël-Félix, a signé, pour toute la campagne, un engagement de douze cent mille francs. Cette campagne est, d'ailleurs, une vraie tournée de famille. Sarah et Lia Félix sont également du voyage, ainsi que la troisième sœur, la jeune Dinah, qui, quelques années plus tard, allait être une des plus parfaites soubrettes de la Comédie-Française. Quant à l'amoureux de la troupe, qui reçoit douze mille francs, c'est Dieudonné.

Que de rôles créés et repris depuis la campagne Rachel! Que de galas à Paris, à Pétersbourg, dans tous les coins du monde! Que de voyages et d'escapades, et aussi que de rêves irréalisés! Pendant cinquante années, il a été le comédien aimable et aimé, faisant tourner tous les cœurs, au théâtre comme à la ville : il a été mêlé à tous les mondes, il a assisté à toutes les révolutions, à tous les événements, grands et petits, de la vie parisienne. Il a été le Desgenais idéal : nul ne représenta avec plus d'assurance, de légèreté et de laisser-aller le Parisien parisiennant ; nul ne jeta avec plus de désinvolture le mot, la tirade, laissant négligemment tomber les finales, d'une voix grasseyante, pleine de trous et de couacs, d'une voix de gamin de Paris, d'une voix charmante pourtant. Il était le successeur de Félix, du célèbre Félix ! Qu'il fût le Desgenais des *Filles de marbre*, Edgard des *Faux Bonshommes*, Bordognon des *Lionnes pauvres* ou Lahirel de *l'Age ingrat*, il était et restait Dieudonné, ne changeant pas, ne bougeant pas, fidèle à ses auteurs, à son théâtre, à son public, jouant toujours et partout les Dieudonné. Il avait créé l'emploi; il l'avait fait sien, définitivement. Les Félix, les Dieudonné, les Noblet! Les noms changent, mais le type n'est-il pas toujours le même?

— J'ai assisté à toutes les révolutions et aussi à toutes les évolutions, reprend-il à tout instant...

Et il insiste sur le mot « évolution », le scandant sans trop le souligner, en homme qui sait ses effets et les ménage, en dilettante. Et c'est dommage que ce Parisien de Paris n'ait pas, comme son grand camarade Delaunay, réuni ses notes! Il les a toutes, lui aussi, et ce n'est plus d'un théâtre qu'il s'agit, c'est de tous les théâtres, c'est du théâtre surtout. Plus de répertoire, plus de troupe, plus de privilèges, plus de théâtres de province, plus de premières représentations! Les tournées, les répétitions générales, l'augmentation du prix des places, l'heure du dîner, autant de questions qui le troublent. Il voudrait en parler et il n'en parle pas, mais ses temps et ses silences en disent plus que bien des discours. Il est plein de reconnaissance pour les auteurs qui lui ont préparé tant de succès, mais il espère bien que, la santé aidant, les jeunes écrivains ne l'oublieront pas tout à fait. Il a joué Donnay et de Curel; dans la première pièce d'Alfred Capus, le délicieux *Brignol*, il créa le rôle du commandant; il a été l'inoubliable Labosse du *Nouveau Jeu*, de Lavedan; c'est à lui qu'on doit la représentation d'un des plus curieux ouvrages de M. Brieux, l'*Engrenage*; il a créé, à l'Odéon, l'*Etranger*, une comédie originale d'Auguste Germain. Il appartenait encore au Vaudeville, quand Paul Hervieu s'y essaya dans les *Paroles restent*, une jolie comédie qu'on reprendra quelque jour — la première de cette belle série d'œuvres fortes, puissantes, durables, qui ont mis hors de pair l'auteur de l'*Enigme*...

— La voilà l'évolution! reprend-il tristement, scandant de plus en plus le mot qui semble l'étrangler.

Et comme l'on comprend ces regrets, quand on parcourt l'interminable liste des rôles du comédien! Comme on sent qu'au fond notre Desgenais n'ose pleurer sur ce répertoire qui était le sien! Avec quel orgueil il rappelle qu'il a joué au palais de Compiègne, en 1862, les *Ganaches*, de Sardou, à côté de Lafont, de Lesueur, du couple Lafontaine, de Landrol et de Kime! Il faudrait citer tous les rôles, avant comme après la guerre! La grande troupe du Vaudeville! Les grandes troupes, faudrait-il dire... Il a quitté son boulevard en même temps que Worms, en 1864 : tous deux ont gagné Pétersbourg, retrouvant là le même succès qu'à Paris, Worms s'affirmant comme un des plus grands comédiens de notre temps, Dieudonné restant l'acteur élégant, le beau cavalier, l'arbitre suprême des élégances et représentant, au théâtre Michel, Paris et la mode...

Et voilà que ce comédien, qui eut de telles

heures de gloire, dont le nom figure à la première place sur toutes les brochures de l'époque, n'a plus — signe des temps! — d'engagement fixe. Le voilà forcé d'accepter les offres d'un impresario de rencontre. Le voilà heureux quand une grande camarade, comme Sarah Bernhardt ou Réjane, se souvient de ce qu'il a été... Le voilà reprenant confiance lorsque M. Guitry se donne la fantaisie de monter *l'Assommoir* à la Porte-Saint-Martin ou part en tournée et l'appelle à lui. Il n'est donc pas un oublié, un disparu, puisqu'il joue entre M. Guitry et M. Duflos, deux des plus modernes d'entre nos comédiens, lui, le compagnon des Lafontaine, des Lesueur, des Worms, des Dupuis, et plus tard, sous la direction de Raymond Deslandes, au Vaudeville, le camarade des Parade, des Saint-Germain, des Delannoy, des Boisselot, des Pierre Berton, des Train, des Bartet, des Réjane, des Pierson, des Montaland — le favori de ce fameux Vaudeville ouvert à tous les dramaturges et au premier de tous, Dumas!

*
* *

Dumas! Dumas! N'est-ce pas Dieudonné qui,

en 1858 — quarante-quatre ans! — créait le poitrinaire du prologue du *Fils naturel*, donnant la réplique à Rose Chéri qui jouait Clara Vignot, à Adolphe Dupuis qui jouait Sternay, à Geoffroy qui jouait le notaire !

— Les pièces de Dumas ! Tenez ! Dans *l'Ami des femmes*, c'est moi qui eus l'honneur de dégeler la salle le premier soir... Je jouais Chantrin, l'homme aux papyros, que les dames fument par accident et qui sont plus un plaisir des yeux et un amusement des lèvres qu'une jouissance du goût ! Vous voyez que je sais encore la tirade !... Chantrin ! trente-huit ans de date ! Oui, je la sais encore, dites-le bien aux directeurs et aux auteurs ! Chantrin !...

Et Dieudonné est lancé... Le nom de Dumas évoque chez lui une foule de souvenirs. C'est une autre vie qu'il retrouve.

— Il me semble que j'ai vécu trois fois ! reprend-il.

C'est lui qui créa *le Père prodigue* au Gymnase et reprit, vingt-cinq années plus tard au Vaudeville, le même rôle de Naton... Mais c'est *la Dame aux camélias* qui lui vaut peut-être son meilleur souvenir. Il avait joué Armand Duval à sa sortie du Conservatoire; il reprit le père Duval sur la demande expresse de Dumas. Ce fut une des grandes joies du comédien. Il a, d'ailleurs, pieusement gardé le billet que Dumas lui adressait à l'occasion de cette reprise :

« Mon cher Dieudonné,

« Je viens de relire la scène du père, comme on l'appelle. Les coupures à faire, je les ai faites dans l'édition des Comédiens que vous avez. Je ne crois pas qu'on puisse couper davantage sans nuire à la raison d'être de la scène. Car enfin, une femme, qui aime tant, ne doit et ne peut se rendre qu'à une série d'arguments de plus en plus forts. Si elle cède tout de suite, c'est qu'elle n'aimait pas ! Aujourd'hui, il n'y aurait peut-être pas besoin d'en dire si long. En offrant tout de suite une bonne somme, la scène serait vite finie ! Mais il y a quarante ans !... Cependant, si vous voyez encore quelques coupures à faire, dites-le : je suis toujours prêt.
« Mille amitiés.
« A. DUMAS. »

Il y a quarante ans ! écrivait Dumas. Il y a quarante ans ! reprend Dieudonné... Et je me demande, en l'écoutant, ce qu'eût pensé son cher auteur de nos mœurs théâtrales d'aujourd'hui, de cette extraordinaire transformation qu'il redoutait. N'est-il pas triste, en effet, n'est-il pas injuste, n'est-il pas incroyable de penser qu'un comédien comme celui-là se trouve aujourd'hui « sans place »? Dumas ne l'avait-il pas prévu, et, dans toutes ses préfaces, — immortels chefs-d'œuvre! — ne soupire-t-il pas après les bardes et les troubadours, les bergeries naïves, les aventures chevaleresques, les mélancolies tendres et délicates de l'âme?

Trois générations d'auteurs, de directeurs et d'acteurs ont défilé devant Dieudonné... Et, à l'entendre, tout cela a été trop vite... Puis, il s'arrête brusquement et, à travers tous ces disparus, il se rappelle sa jeunesse et ses amours. Il voudrait revoir ces immenses palais impériaux de Compiègne et de Fontainebleau où il jouait son répertoire aimé! Il voudrait respirer l'air vivifiant de ces forêts embaumées! Alors, tout à coup, il se reprend et s'extasie sur la jeune école, et, pour finir, toujours semblable à un héros de Dumas, il retourne aux bacchanales, ne demandant à la Muse que de l'étourdir et la suppliant de l'aider à mourir gaîment!

La Muse, il faut bien le dire, elle est représentée par nos directeurs de théâtre! C'est d'eux que dépend le sort de Dieudonné... Ai-je tout dit? Oh! non!... Et le *Procès Vauradieux*, et les *Dominos roses*, et la *Flamboyante!* Et l'inoubliable Monpavon du *Nabab!* Et les *Vivacités du capitaine Tic!* Un volume ne suffirait pas pour retracer la vie de ce charmant comédien. Dieudonné est de ceux qui, naïvement, croient que, hors le théâtre, il n'est pas d'art, pas de métier possible. Le boulevard, pour lui, résume toutes les opinions. Le boulevard, c'est le monde, c'est l'univers, et ce boulevard-là n'est pas bien long : il commence à la Chaussée d'Antin, au Vaudeville, pour finir boulevard Bonne-Nouvelle, au Gymnase... Plus loin, c'est la frontière, c'est l'exil...

J'ai cité bien des rôles et je m'aperçois que j'en ai oublié un, important entre tous, le Schaunard de la *Vie de bohème.* C'est peut-être par celui-là que j'aurais dû commencer! La vie de Schaunard, n'est-ce pas la vie même de Dieudonné? Vie de bohème mal connue, décriée, insultée par les médiocrités jalouses, vie charmante et vie terrible qui a ses victorieux et ses vaincus, vie de rêve et de désenchantement, vie de sourire et de larmes... Cinquante ans de la vie de bohème! N'est-ce pas, hélas, l'histoire de tant de nos comédiens — ces imprévoyants de l'avenir!...

AU CAFÉ-CONCERT

LA VIEILLE CHANSON — VICTORINE DEMAY

Mars 1902.

Quand j'étais censeur — ah! les charmantes et déjà lointaines années que celles passées en ce cinquième étage du Palais-Royal! — chaque année, au moment de la discussion du budget au Parlement, il était convenu qu'un de nous devait se charger de compiler tout ce qui a été dit ou écrit sur la Censure et d'entasser les anecdotes les plus piquantes... Les censeurs d'aujourd'hui ne sont plus les mêmes que ceux d'autrefois, mais la bonne Dame, qui a décidément la vie dure, reçoit toujours les mêmes coups. Ses adversaires, cela est à remarquer, l'appellent avec mépris la Censure ; ses défenseurs la nomment très respectueusement : l'Inspection des théâtres.

Ai-je été censeur ou inspecteur ? C'est là un problème que je n'ai jamais pu résoudre. J'aime mieux avouer que les années passées avec mes amis de Forges, Bourdon et Gauné ont été particulièrement agréables.

Lorsque j'entrai à la Censure, ce service avait pour garçon de bureau un brave homme déjà vieux, cassé, sentant toute l'importance de sa fonction. Il s'appelait Desmolière. Comme j'étais le plus jeune des censeurs, notre très distingué doyen, M. Philippe de Forges, m'avait confié la besogne la plus lourde, celle des cafés-concerts. Tous les samedis, la tradition voulait — elle le veut encore — que chaque concert renouvelât son programme. Ce jour-là, tous les régisseurs de concerts de Paris et des environs débarquaient.

Le bon Desmolière, affolé, perdait la tête : il inscrivait bien les noms des régisseurs, mais régulièrement il égarait la liste. Il avait alors recours au moyen suprême : n'ayant plus les noms des régisseurs, il appelait les concerts.

— Entrez Grenelle !... Entrez Batignolles !... Entrez Montparnasse !...

Parmi ces concerts, il y en avait un qui se nommait la Salle Clichy. Il fallait alors entendre Desmolière, harassé, soupirer d'une voix fatiguée, d'un ton lamentable et pourtant très solennel :

— Entrez ! Salle Clichy !

Nous guettions l'annonce et l' « Entrez Salle Clichy ! » avait chaque samedi un auditoire enthousiaste. Desmolière n'est plus, et je crois bien que ce sont les Salles Clichy du samedi qui ont hâté sa fin. Il n'a pas été remplacé : il ne le sera jamais. On ne remplace pas Desmolière !

* *

On était alors en pleine bataille boulangiste. La chanson patriotique, qui eut, après la guerre, avec Mme Amiati, un si retentissant succès, n'était déjà plus de mode. Il y avait bien encore le couplet patriotique que tout artiste, désireux de soulever l'enthousiasme d'une claque bien stylée, détaillait pompeusement. Une des chansons célèbres d'alors avait pour titre — excusez ce titre ! — *Je cherche les puces du lion de Belfort.* La chanson n'était ni plus ni moins bête que tant d'autres, mais quelle fut notre surprise quand nous dûmes constater qu'au sixième couplet — le couplet final — l'auteur développait, en quelques vers sonores, l'idée de revanche. Le chansonnier, très sérieusement, nous conseillait de ne plus chercher, à l'heure du réveil, *les Puces du Lion de Belfort...*

Paulus et Victorine Demay étaient alors les grands favoris du concert, et M⁻ᵉ Duparc, la digne émule de notre ravissante Judic, jouait les commères de revue en superbe costume de généralissime. Que de luttes à soutenir alors entre la Censure, les chansonniers et les artistes ! Devait-on tolérer ceci ou interdire cela ? Où était le bon droit ? Autant de questions peu commodes à trancher... Paulus, plein de dignité, entonnait triomphalement le *Père la Victoire* et la *Boiteuse*, et Victorine Demay, d'une voix franche et bien timbrée, avec une articulation extraordinaire, sans geste, sans recherche de l'effet, tranquillement, sobrement, débitait : *Il reviendra !* Elle atteignait, on l'a dit et on a eu raison de le dire, le très grand art ; elle était classique et nous reposait des chansons adroitement clownesques et intelligemment acrobatiques de son illustre camarade. La grande Thérésa avait une émule, une rivale! La « *Couturière qui d'meure sur le d'vant* » valait le « *C'est dans l'nez qu'ça me chatouille* ». Renan lui-même, notre grand Renan, admirait la nouvelle étoile... Il voulut la connaître : il la connut...

Pourquoi faut-il que cette ronde et bonne grosse Demay, d'une cordialité si simple, qui devait révolutionner le concert, nous ait si rapidement été enlevée!

N'était-ce pas d'ailleurs une fatalité? Jules Jouy et Mac Nab, les fondateurs de ce pittoresque Chat-Noir, étaient, comme Victorine Demay, fauchés avant l'âge. Chansonniers et interprètes sentaient bien qu'un changement était nécessaire : tous cherchaient et tâtonnaient. L'intelligente directrice de l'Eden, Mme Castellano, ressuscitait la chanson classique et fondait les fameux vendredis. En ce même concert, qui abrita tant de gloires naissantes, la petite Yvette Guilbert débutait timidement. On l'avait entrevue aux Variétés où elle figurait. Impatiente, elle déchirait son engagement, et comme sa jeune et charmante camarade Cécile Sorel, elle le jetait à la tête de l'aimable directeur du théâtre, Eugène Bertrand. Patiemment, elle préparait ses chansons, les commandant à des auteurs qu'elle devinait, fabriquant ses airs, prenant la peine de grimper les maudits étages de la terrible Censure pour défendre elle-même ses couplets. Allait-elle chanter la romance ? Reviendrait-elle à la vieille chanson ? Xanrof lui plaisait, Bruant l'inquiétait. Elle cherchait sa route et, à côté d'elle, en ce même Eden, aujourd'hui disparu, on apercevait, vers huit heures quinze, en tête du programme — première partie, signe distinctif — un chanteur, tout jeune : c'était notre joyeux Polin qui ne pensait pas encore à ses immortels pioupious...

.

J.-J. Weiss, dans un feuilleton où il proclame que Thérésa est sublime, raconte qu'il a éprouvé trois fois dans sa vie ce frisson sacré, ce brusque saisissement moral de tout l'être qui, aussitôt, se manifeste par l'intensité du frisson physique : la première fois en écoutant Rachel ; la seconde, en 1848, pendant la nuit du 23 février, lorsque les notes de la *Marseillaise*, arrivant massées et rassérénées par la distance, figuraient, dans le silence agité de la nuit, une marche aux flambeaux de la Justice; la troisième, en applaudissant Thérésa qui chantait, dans la *Boulangère*: « Nous sommes trois cents femelles! »

Cette sensation indéfinissable du beau, de l'au-delà, c'est une simple chanteuse de café-concert qui l'avait procurée à Weiss... Son successeur au feuilleton du *Journal des Débats*, M. Jules Lemaître, allait, avec Victorine Demay, retrouver cette joie unique. C'est que, comme sa devancière, Victorine Demay avait l'intelligence, le goût, le sentiment du juste et cette qualité essentielle : le style.

Les chanteuses de concert, lorsqu'elles « défendent » leurs chansons se confessent volontiers. La pauvre Demay était saturée des « noisettes » et des « couturières ». Imprudemment, un vilain soir, elle chanta une chanson interdite par la censure et le concert fut fermé : elle dut payer la recette. C'était un de ses regrets, c'était un de ses remords, et, pour se faire pardonner, elle rêvait de s'essayer dans la vieille chanson. Elle n'a pas eu le temps de réaliser son rêve. Elle n'a pas fait école... Par cela même qu'elle avait une nature, un tempérament, elle était inimitable. Mais combien d'artistes de concert ont gardé le souvenir de cette diction, j'allais dire de cet enseignement!

— Mes chansons sont stupides, je le sais, mes couplets sont mal venus, répétait la pauvre Demay. Mais songez que nous sommes seules responsables de nos chansons, de nos succès et de nos fours!

Il lui semblait qu'on était souvent injuste pour les artistes de concert qui sont seuls en scène et n'ont pas de répliques qui les sauvent... Il y avait du vrai dans ces boutades.

— Et puis, Thérésa, Judic, Théo, Mily Meyer, et avant elles Marie Sasse, reprenait-elle. Et notre grand Fugère, qui a débuté à l'ancien Ba-Ta-Clan! Vous voyez qu'il ne faut pas médire de nos concerts! Ce sont nos Conservatoires!

Elle mettait tant de bonhomie souriante à défendre son café chantant — elle disait toujours café-chantant — que nous n'osions plus la contredire! Inspecteur ou censeur, je ne sais... Mais c'est encore un bon souvenir que j'ai gardé de cette aimable femme. Elle était en train de devenir une de nos plus grandes artistes!... Sans s'en douter, et le plus innocemment du monde, elle allait peut-être nous rendre la vraie chanson française... Elle nous a quittés trop tôt !...

ARISTIDE BRUANT ET LOUISE BALTHY

Avril 1902.

Une toute petite salle de brasserie, enfumée ; à droite et à gauche, une table dont le marbre est noirci par les additions des joueurs de dominos. Sur les banquettes, des clubmans fatigués, escortés de jolies femmes consternées, anéanties, ahuries. Entre ces tables, se promenant de long en large, débitant des chansons d'un ton monocorde, un beau gars revêtu d'un complet baroque en velours marron, chaussé de bottes superbement astiquées. La porte de l'antre est close : pour avoir le droit d'entrer, il faut se faire reconnaître et frapper les trois coups réglementaires. Il est minuit : la foule augmente : les cerises à l'eau-de-vie inondent les habits noirs ; les deux garçons de l'établissement perdent la tête et laissent tomber les bocks crémants... Rien n'y fait : personne ne bouge. Au poète-cabaretier ont succédé d'insipides chanteurs de bas concerts. Mais lui, où est-il ? Chantera-t-il encore ? Ses chansons sont-elles imprimées ? L'édition est-elle épuisée ? Juste, un volume est là encore, sous la caisse !... Nos auditeurs enthousiastes se l'arrachent. Et la dédicace ? La voici !... La série recommence. C'est ainsi jusqu'à trois heures du matin... Et nos « habits noirs » sont là, vissés, ne reconnaissant plus leurs élégantes compagnes à travers la fumée qui s'épaissit. Qu'importe ! Jamais on ne fut plus mal assis, et jamais on ne s'amusa mieux...

Oui, jamais on ne s'amusa mieux qu'en cet horrible antre d'Aristide Bruant. C'est qu'à l'exemple de Victorine Demay, Bruant tentait de donner à la chanson une forme nouvelle. Certes, il y avait un peu d'emballement dans ce succès, qui a permis au poète-cabaretier de se retirer avant l'heure : certes, le « cri d'entrée » n'avait rien de particulièrement attrayant... Mais, tout compte fait, *Dans la rue* et *Sur la route*, pour ne citer que les volumes les plus connus, contiennent des pages exquises.

Aristide Bruant, qui, lorsqu'il grimpait les étages du Palais-Royal pour défendre ses chansons, était pris pour un anarchiste et faisait scandale, était et est resté un faux révolutionnaire... Ce révolté est le plus doux des hommes. En réalité — je vais bien surprendre les « habits noirs » d'autrefois — Bruant est un timide... Un des rêves de Bruant, c'était d'avoir les palmes. Oh! il sentait parbleu bien que le ruban violet ferait tache sur sa veste excentrique. Mais bah! le foulard rouge cacherait le ruban violet! Il nous fit donc part, un beau soir, de son rêve. Doucement, nous tâchâmes de lui faire comprendre que le poète de *A Biribi* ne devait pas avoir de ces faiblesses...

— Que voulez-vous, mes chers amis! souvenez-vous de *Poirier*... Je suis ambitieux!

Got, en ses meilleurs jours, n'eût pas mieux lancé le mot... Notre première démarche n'aboutit pas... Bien plus, nous fûmes chargés d'expliquer à l'ambitieux poète ce que nous lui avions dit. Il ne voulut rien entendre... C'était chez lui une idée fixe, et vite, il alla trouver Camille Doucet. Doucet et Bruant, quel assemblage ! Imagine-t-on l'Académie, en la personne de son vénéré secrétaire perpétuel, défendant le cabaretier de Montmartre? Mais il faut rendre justice à l'auteur du *Fruit défendu* : la démarche fut faite et bien faite. Camille Doucet avait fait ses classes au collège de Sens; Bruant, une trentaine d'années plus tard, s'était assis au même réfectoire... Et voilà comment Bruant eut l'honneur d'être nommé officier d'Académie sur l'expresse recommandation de son très aimable doyen.

Volontiers, nous le taquinions sur ce parrainage.

— Et après? soupirait-il... Qu'est-ce que cela prouve? Moi qui crie, qui hurle, est-ce que vous savez seulement ce que je pense?

— Alors, d'une voix que nous ne lui soupçonnions pas, avec une mélancolie inexprimable, il disait, à voix basse, sa poésie favorite : *Fantaisie triste* :

> Nous marchions d'vant nous, dans l'brouillard.
> On distinguait des gens maussades...
> Nous, nous suivions un corbillard,
> Emportant l'un d'nos camarades!

> Et je m'disais, pensant à lui,
> Qu' j'avais vu rire au mois d'septembre :
> « Bon Dieu! qu'il aura froid c'tte nuit!
> C'est triste d'mourir en décembre! »

Et, les larmes aux yeux, notre révolutionnaire reprenait :...

— Une complainte, une poésie, ça? Simplement une chanson!

Et le voilà qui, devenu conférencier, nous montrait que le refrain c'est le véhicule indispensable du chant, le frère de la rime, la rime de l'*air*, le seul anneau permettant d'enchaîner quelque temps la poésie aux lèvres des hommes. Il était lancé! Nous écoutions avec stupeur... Brutalement, il s'arrêtait :

— Ne souriez pas, mes amis! c'est du Sainte-Beuve que je vous récite là!

L'antre est clos : le cabaretier s'est tu ; la mode a passé. Je ne crois pas, pour ma part, que l'action du cabaretier de Montmartre ait été aussi malfaisante que certains esprits chagrins l'insinuent. Il ne faut pas donner aux faiseurs de chansons plus d'importance qu'ils n'en veulent avoir. Jules Jouy, Mac Nab, Bruant, Fragerolle, Ponchon, Meusy, Xanrof, tous les poètes du « Chat-

Noir » nous ont débarrassés de la fausse chanson patriotique ; ils ont renouvelé un genre.

. . .

Tandis qu'Aristide Bruant forçait l'admiration des « habits noirs », effarouchait notre bon Desmolière et gagnait son ruban violet, les faiseurs de chansons s'ingéniaient à nous offrir des contrefaçons de *Saint-Ouen* et de *A Biribi*. C'était l'heureux temps des gigolettes. Il suffisait au premier chanteur venu d'endosser la casquette traditionnelle pour avoir droit à la vedette. Une agréable surprise m'était cependant réservée au milieu de mes instructives lectures. Un jour, Desmolière, souriant, me présenta une carte. Le nom m'était inconnu, mais comme tout censeur qui se respecte, je reçus la visiteuse... Je ne pouvais oublier que j'avais été, par une chanteuse fort connue, menacé de mort — oui, de mort! — parce que j'avais accordé le visa à un refrain :

Allons! les p'tites cocottes,
Qu'on boursicote!
Vir' la carotte!

Je n'avais rien vu, rien deviné dans ce couplet... Et cependant j'étais accusé d'indulgence coupable à l'égard des « gommeuses ». Car chaque artiste avait alors son emploi et celui de la gommeuse était de première importance. Il paraît que je protégeais les gommeuses!...

Cette visiteuse, c'était Mlle Louise Balthy. Elle me rappela que, quelques années auparavant, je l'avais aperçue dans une revue. Elle ne jouait qu'un rôle et n'avait qu'une phrase à dire avec geste à l'appui : « Voyez mes œufs sur le plat! » Elle ajouta qu'elle s'était acquittée de sa tâche à merveille, mais qu'elle rêvait des rôles plus importants. Et là-dessus, elle me conta sa vie, qui n'était pas gaie, et elle se mit à débiter, d'une voix bien posée, avec un sentiment juste, les chansons les plus variées.

Réveillé, Desmolière entra... Louise Balthy fit silence. On répétait alors, aux Menus-Plaisirs, une revue de MM. Monréal, Delilia et Blondeau. Elle me demanda d'obtenir pour elle une audition. Elle ne connaissait aucun des auteurs. Je choisis mon ami Alfred Delilia... Aussitôt dit, aussi fait, et le soir même, notre ancienne figurante des « œufs sur le plat » nous dit des chansons de Thérésa, nous imita les étoiles, de cafés-concerts et nous surprit par sa rare intelligence. Les Menus-Plaisirs l'engagèrent; les auteurs lui fabriquèrent des numéros; le soir de la première, elle était célèbre...

Vous savez le reste... Les « œufs sur le plat » ont porté bonheur à Louise Balthy. Je ne l'aperçois plus que rarement, mais chaque année, le 31 décembre, je reçois sa carte — cette même carte qui me fut remise par Desmolière! — avec ces simples mots : « Bonne année, mon cher parrain! » J'avais promis à ma filleule de dire son histoire. Voilà qui est fait, et elle peut être assurée que, parmi mes souvenirs de censure, celui-là est un des meilleurs...

GRIVOT

Mai 1902.

Grivot, qui donne sa représentation de retraite, a quarante-deux ans de théâtre. Il a abordé tous les genres, et, à l'exemple de beaucoup de ses camarades, il a fait son apprentissage dans les théâtres de banlieue. De la banlieue, il passa aux Délassements-Comiques dont Sari était directeur : il y joua un des principaux rôles du *Royaume des Femmes*. La date? Cherchez! J'invoque ici le témoignage de mon ami Ernest Blum, un des auteurs de cette amusante pièce. Des Délassements, Grivot passa au Vaudeville de la place de la Bourse. C'est en ce théâtre, pendant les répétitions de la *Famille Benoîton*, que Grivot distingua une jeune camarade toute fraîche, à la frimousse pétillante de malice et d'esprit.

Cette camarade s'appelait Laurence. Elle avait, de son côté, remarqué le « petit » Grivot. Nos jeunes gens s'aimèrent et, durant de longues années, firent le plus gentil des ménages : lui, ayant le rêve d'entrer à l'Opéra-Comique : elle, pensant, sans en rien dire, à la Comédie-Française ! Pourquoi faut-il que la petite Laurence, devenue grande, ait été brusquement enlevée à son fidèle compagnon au moment où, remportant au Gymnase les plus brillants succès de comédienne, elle allait être réclamée par la Comédie-Française ? La petite Laurence n'a pas eu le temps de poursuivre la route si heureusement commencée et de réaliser le rêve du Vaudeville de la place de la Bourse !... Victor Koning avait deviné la petite Laurence comme il découvrit Noblet et cette charmante Marie Magnier, devenue une de nos meilleures comédiennes...

Je faisais alors la critique dramatique et j'aimais à répéter que Laurence Grivot avait sa place marquée à la Comédie-Française.

— C'est bien vrai, me dit-elle, un jour que je

la félicitais, c'est bien vrai que vous pensez de moi ce que vous écrivez?

— C'est si vrai, lui répondis-je, qu'hier même, j'ai parlé de vous à l'administrateur de la Comédie-Française!

La Comédie! Ce mot seul la faisait trembler. Elle se voyait déjà chez Molière!... Jouerait-elle les duègnes? Tiendrait-elle l'emploi de Céline Montaland? Elle hésitait à répondre... Elle était très superstitieuse... C'était trop beau!

Puis, se ravisant :

— Et qu'a répondu M. Claretie?

— Si je vous le disais, vous seriez trop contente et vous ne pourriez plus entrer en scène!

Et le fait est que l'administrateur général, fidèle à son ancienne interprète, la tenait en très particulière estime et l'eût engagée...

* *

Quand, il y a quelques jours, le « petit » Grivot me présenta la liste de ses rôles et ses huit engagements consciencieusement conservés :

— Surtout, n'oubliez pas de redire ce que fut Laurence!... Elle serait sociétaire de la Comédie-Française aujourd'hui, comme je suis devenu, moi, sociétaire de cet Opéra-Comique qui est mon théâtre depuis vingt-trois ans!

Vingt-trois ans!... A mon tour, je rappelai à Grivot que, la première fois que je l'applaudis, c'était à la Gaîté, dans *Orphée aux Enfers*. J'étais alors au collège. Je fus émerveillé par la musique d'Offenbach...

— Seulement, vous ne la compreniez pas, cette musique! reprit Grivot.

Et alors, notre sautillant Mercure d'*Orphée* me définit, d'un trait juste et sûr, l'opéra bouffe d'autrefois.

Pour Grivot, comme pour tous les artistes de cette époque, il n'est pas de musique supérieure à celle d'*Orphée aux Enfers*. Cette musique, c'est tout un monde disparu, c'est tout un temps qui n'est plus : c'est une société tout entière qui se lève et qui danse! C'est plus qu'un temps : c'est le siècle qui tourne dans une universelle sarabande.

Oui! voilà bien l'opéra bouffe que personnifiait Christian, unique et immortel Jupiter d'*Orphée*, affublé d'un fantastique costume de lancier polonais, armé d'un parapluie gigantesque, lançant, avec une sérénité incroyable, les calembours, jetant les coq-à-l'âne, multipliant les à peu près et improvisant des plaisanteries si épaisses qu'il consternait ses camarades... C'était superbe, grandiose, tragique : c'était extraordinaire de fantaisie... Christian à la Gaîté! Plus tard aux Bouffes, Fugère, Daubray, Peschard, Théo, Judic, la petite Laurence Grivot et le « petit » Grivot lui-même! Offenbach toujours et partout! C'est la sarabande qui reprend... C'est le quadrille d'*Orphée* qui recommence!...

*
* *

Grivot, il est juste de le rappeler, ne fut pas seulement l'excellent interprète de son musicien favori : il en fut aussi le très dévoué pensionnaire. Certes, durant ses vingt-trois années d'Opéra-Comique, il fut toujours là, fidèle, créant, entre autres rôles, ceux de *Jean de Nivelle*, des *Contes d'Hoffmann*, de l'*Amour médecin*, de *Joli Gille*, de la *Basoche*, et ce délicieux petit marquis Guillot de Morfontaine de

Manon, qu'il avait fait grand et que, plus de trois cents fois, il joua, chanta et dansa avec un succès qui jamais ne se démentit; certes il fut un des soutiens du répertoire classique. Mais il n'est rien, pour lui, au-dessus d'Offenbach. C'est son dieu.!...

Et d'ailleurs, Grivot ne fut-il pas un peu directeur de ce théâtre de la Gaîté pendant la Commune? N'est-ce pas lui qui y reprit, avec sa femme, la *Grâce de Dieu*? Il n'y avait plus, alors, ni Société des auteurs, ni Assistance publique. Les membres de la Commune exigeaient 10 0/0 sur la recette : l'*impresario* Grivot faisait le contrôle en costume de Pierrot et l'*impresaria* Laurence faisait la quête dans la salle... Et le mois de cette direction improvisée se solda par un bénéfice de 4.500 francs...

Heureux temps encore — c'était pourtant celui de la guerre! — que celui où nos amoureux après avoir joué *Jobin et Nanette*, regagnaient le logis à pied, par la neige et le froid, en costumes de théâtre... Ils avaient organisé eux-mêmes des « bénéfices » pour « fondre des canons »...

— J'ai au moins trois petits canons chez moi, me dit Grivot. Ce sont mes seules reliques de ces soirées de la guerre !

Il a préparé tant et tant de bénéfices, le « petit » Grivot, il a rendu de tels services comme membre de ce Comité de l'Association des artistes, dont il est un des appuis, il a été si profondément bon que son directeur, M. Albert Carré, et ses camarades reconnaissants lui offrent une belle représentation... Un bénéfice? Non! Le brave homme, laborieux comme pas un, n'a jamais touché de gros appointements : il n'en a pas moins su faire, pour lui et les siens, de sages économies qui lui permettront de vivre tranquille et heureux. Aussi n'est-ce pas sans un légitime orgueil qu'il répète en s'en allant :

— C'est ma représentation de retraite que je donne! oui, de retraite, comme dans le bon temps du Vaudeville de la place de la Bourse! Dites-le bien! De retraite!... Et voulez-vous me faire un vrai plaisir? Parlez surtout de la petite Laurence!

Furtivement, le brave homme essuya une larme. J'ai parlé de Laurence et du « petit »

Grivot. J'ajoute que ces deux artistes furent l'honneur de leur profession. Et c'est encore très rare et très consolant de pouvoir résumer, par cette simple phrase, deux honnêtes existences qui, en réalité n'en firent qu'une...

SARCEY ET LA CONFÉRENCE

Mai 1902.

C'est à Sarcey, le premier, que je confiai le beau projet des galas populaires dans les théâtres de banlieue. Ai-je besoin de dire que cette idée l'enchanta et que c'eût été pour lui une joie de faire la connaissance d'un public nouveau? Son digne successeur, M. Gustave Larroumet, écrivait, l'autre jour, que depuis quinze ans qu'il parle dans les théâtres, il n'avait pas rencontré un public plus attentif, plus ouvert, plus prompt à comprendre que celui de Montparnasse. Nous sera-t-il permis d'ajouter que jamais peut-être l'éminent conférencier n'a été plus justement applaudi? C'est que la règle, l'éternelle règle, c'est de comprendre son public, c'est de savoir parler à Montparnasse autrement qu'à la Sorbonne, et à l'Odéon autrement que dans un théâtre du boulevard... Lorsque M. Larroumet, terminant son étincelante causerie, s'est écrié, aux applaudissements de la salle entière : « Jamais je n'ai exercé mon métier de conférencier avec plus d'orgueil qu'aujourd'hui ! » il n'avait pas seulement adressé le compliment d'usage à son public enthousiaste, il avait frappé juste.

Ces inoubliables spectacles offerts dans notre banlieue parisienne, nous ont montré combien la méthode de Sarcey était ingénieuse. Cette méthode, qu'il a longuement indiquée dans ses *Souvenirs d'âge mûr* et dont j'ai moi-même parlé bien souvent, a ceci de particulier qu'elle montre sous son véritable jour le talent du critique, ses idées, son caractère. Certes, on a eu raison de dire que Sarcey se plaisait à conseiller, à enseigner, à diriger, et que, toujours, partout et quand même, il restait professeur ; certes, il était très fier qu'on l'eût surnommé l'Oncle, car il considérait ce surnom comme un suprême hommage. Mais son souci constant, quotidien, c'était d'entrer en communication directe avec cette foule dont, suivant son expression même, il tâtait le pouls tous les soirs. Rien ne l'amusait comme d'échanger ses impressions avec un voisin de stalle qu'il ne connaissait pas, et jamais il n'eût manqué, lorsqu'il passait la soirée à la Comédie, d'aller consulter Mme Louis, la célèbre ouvreuse du balcon !... L'avis de l'ouvreuse subventionnée était souvent pour lui un avertissement salutaire dont il s'empressait de tenir compte.

Le public! le public! tout pour lui était là, en théâtre, en critique, en conférence. Il en voulait à Jules Janin qui écrivit que le théâtre est une futilité et que le public ne compte pas; il en voulait à tous ceux qui, exerçant le métier de critique, considèrent le théâtre non comme un plaisir, mais simplement comme un métier. Il partait de ce principe que le public sait gré au critique, aussi bien qu'au dramaturge et au conférencier, de le tenir comme confident, conseiller et ami. C'était ce qu'il appelait : éclairer la lanterne du spectateur. Dumas disait : l'art des préparations.

Un jour, comme il nous développait, avec sa malicieuse finesse, ses théories favorites, un de nous lui demanda pourquoi, ainsi que je le contai à propos de l'Odéon, il s'arrêtait net au milieu d'une conférence, pour prier un spectateur placé au premier rang de l'orchestre de lui dire l'heure.

— Mais le spectateur, reprit-il gaîment, c'est mon souffleur à moi, conférencier ! Il est bien entendu, qu'il n'est ici question que de celui qui parle, qui improvise, car la conférence n'est pas une leçon apprise par cœur : c'est une conversation avec plusieurs centaines de personnes qui écoutent sans interrompre... Donc, il faut que, moi qui parle, je n'oublie jamais mon idée principale, essentielle, ma scène à faire. Si par malheur je m'en éloigne, je dois retrouver le chemin ; or, le seul moyen de reprendre ma route, c'est encore de m'adresser à ce spectateur !... En lui demandant l'heure, j'appelais au secours : j'avais perdu le fil ! Ce qui est grave, pour le conférencier comme pour l'acteur qui est en scène, c'est de manquer de mémoire... Eh bien ! toutes les fois que je manque de mémoire, j'ai recours au truc de la montre. Il m'a toujours réussi. Tandis que le spectateur, surpris, interloqué, me renseigne, j'ai le temps de rassembler mes idées, et le tour est joué.

Le truc de la montre était exécuté avec tant de bonhomie que le public n'y voyait rien et partait en longs applaudissements... Le conférencier continuait, parlant selon sa nature, s'appliquant à ce que le spectateur le suivît et le comprît. Toujours, il voulait qu'on retrouvât l'homme dans la conférence et c'est ce qui lui permettait de dire que ses familiarités, ses phrases inachevées et torrentueuses n'étaient ni des procédés ni des trucs, mais faisaient corps avec lui-même, avec sa personne, son caractère. Être soi, rester soi, c'était, pour lui, l'important...

.*.

Comment oublierai-je, pour ma part, que c'est grâce au maître conférencier, dont j'eus l'honneur d'être l'ami durant de longues années, que je quittai la Censure, les chansonniers et le brave garçon de bureau Desmolière?

Mon pauvre ami Henry Régnier venait de mourir et, naturellement, les candidats à sa succession étaient nombreux. Sarcey, qui ne se prodiguait guère et avait l'art de savoir faire une démarche, alla bien vite trouver son ami Spuller. Il venait de faire une conférence à l'Odéon; il était en habit...

— Tu constateras, mon cher ministre, que je n'ai pas hésité à endosser l'habit pour te présenter une requête! Il faut croire que j'y tiens... Tu me promets de dire oui et de nommer mon candidat?

— C'est promis, reprit aimablement le grand maître de l'Université. Je n'ai rien à te refuser, puisque tu es en habit!

Le lendemain, j'étais nommé... Sarcey, m'apprenant la nouvelle, ajouta, s'esclaffant de rire :

— C'est à mon habit que vous devez tout! Si j'avais eu ma redingote, je n'aurais rien obtenu!

Ceux qui ont, comme moi, vraiment connu et aimé Sarcey savent ce qu'il cachait de tendresse délicate. Nul ne rendit service avec plus de discrétion et de bonté; nul ne fit plus souvent et mieux le bien. Nous avons tous, en ces soirées de galas populaires, beaucoup pensé à lui, et moi peut-être un peu plus que les autres, car je lui devais plus que les autres... Voilà trois ans, presque jour pour jour, qu'il nous a quittés. Pendant vingt ans de ma vie, je l'ai toujours trouvé là, fidèle, aux heures de joie et de tristesse. Son successeur, M. Gustave Larroumet, qui fut un de ses meilleurs amis, savait tout cela, et je crois bien qu'en prodiguant les encouragements à une Œuvre qui m'est particulièrement chère, il a, lui aussi, songé au grand ami disparu, nous rendant un peu de cette si cordiale affection...

L'ANCIEN

COMITÉ DE LECTURE DE L'ODÉON

Mai 1902.

L'habit de Sarcey me valut bien des honneurs, entre autres celui de siéger au Comité de lecture de l'Odéon. Ce Comité qui, on le sait, est un « Comité de refus », était autrefois composé des plus vénérables doyens de l'art dramatique. Eugène Nus et M. Cormon présidaient à ses destinées. La nouvelle direction a rajeuni les cadres. En ce nouveau Comité, les plus assidus étaient Henry Becque, Henry Fouquier et Aurélien Scholl.

— C'est mon tour, à moi, me disait Scholl, il y a deux mois à peine, à la dernière séance.

— Votre tour?

— Mais oui! Le Comité fera relâche pour cause de mort! En deux ans, Becque et Fouquier, les plus solides de nous tous! A moi la troisième manche! Et personne ne saura que j'ai été, moi, fonctionnaire!

Scholl avait dit vrai : nous avons fait relâche...

Cela l'amusait de jouer au fonctionnaire, de passer chaque mois une heure avec des camarades qu'il ne voyait plus, de retrouver, dans les excellents rapports de M. Ch. Samson, des sujets de pièces et de conter des anecdotes oubliées.

— Vous ne la connaissiez pas celle-là? disait Scholl. Elle est fanée!

Oui, fanée!... Et nous plaignions cet homme miné par le mal, nous répondant lorsque nous lui conseillions de prendre du repos :

— Souvenez-vous du mot profond, éternel : on ne meurt que lorsque l'on n'a plus le courage de vivre.

Scholl voulait vivre. Il lui paraissait qu'il n'avait pas rempli son rôle, qu'il aurait dû être dramaturge, penser et faire penser... Souvent, après une séance du Comité, il me demandait de le « ramener dans Paris ». Nous montions en voiture. Il pouvait à peine marcher, mais il ne voulait pas avoir l'air de souffrir... Et alors, avec une indicible tristesse, il me contait que la chronique était un genre démodé, inutile, vieilli, ne répondant plus aux besoins de l'heure présente. Cet homme, qui avait eu l'art de fournir des idées à des milliers de lecteurs, qui avait traité les questions les plus graves et les plus futiles, fait de la politique, de la philosophie, et toujours de l'esprit, était très sincèrement attristé. Il ne se retrouvait plus dans ce Paris qu'il avait tant aimé : il se perdait sur le boulevard...

Et rien n'était plus piquant que d'entendre, en ce même Comité, Becque, Fouquier et Scholl parler de tous et de tout, et exprimer, avec une pleine liberté d'esprit, leurs idées, leurs aspirations, leurs regrets.

Fouquier, lui, ne regrettait rien. Il admettait toutes les modes ; il s'accommodait de tout, comprenant fort bien la mort de Tortoni, s'accoutumant aux sonneries des tramways, aimant la vie en artiste, en chercheur d'impressions, en moraliste, ayant été tour à tour fonctionnaire, député, journaliste, prêt à répondre à toutes les questions, respectueux du classique et ne méconnaissant pas l'art nouveau, et, avec tout cela et par dessus tout cela, écrivain alerte et charmant, sachant donner à toutes choses un tour vraiment original, prenant tout avec un sourire... Un des maîtres incontestés de la critique, l'impeccable écrivain de *Sur le vif* et de *Types et Travers*, M. Léon Bernard-Derosne, ne l'a-t-il pas délicieusement dit : « Sourire ! ce mot avait été fait pour Fouquier ! On ne s'imaginait pas Fouquier prenant la résolution de ne plus sourire ! »

.·.

Comme Scholl, comme Fouquier, Becque était exact à nos séances du Comité. Chaque mois, il arrivait avant l'heure, rôdant dans les coulisses, flirtant avec les jeunes comédiennes. C'est à l'Odéon que je le retrouvai : je ne l'avais pas vu depuis de bien longs mois. Il savait ma reconnaissante affection pour Sarcey, dont il était devenu l'ennemi implacable, il savait l'amitié qui me liait à l'administrateur général de la Comédie-Française, M. Jules Claretie, contre lequel il entamait une violente campagne. Il comprit ma réserve et m'en sut gré... Il n'était pas l'homme des demi-affections; il préférait les franches ruptures. C'était précisément chez Sarcey, vers 1882, que j'avais fait sa connaissance. On répétait alors les *Corbeaux* à la Comédie, et, sur son invitation, j'assistai aux répétitions. Je vis, pour la première fois, ce qu'était la cuisine théâtrale : l'école était bonne. Becque n'était sans doute pas un metteur en scène de la trempe de l'auteur de *Patrie*, mais il savait ses quatre actes par cœur, et tout, chez lui, était réglé, debout, avant la première répétition. Les *Corbeaux* furent joués vingt fois. J'assistai aux vingt représentations.

Becque habitait alors, rue Pasquier, un petit appartement se composant de deux ou trois chambres, mais une seule — et pour cause — était meublée. Cette chambre était claire, lumineuse et vide. Aux murs, était installée, tant bien que mal, une planche pour les livres; un canapé-lit, tout à fait détraqué, une chaise et une canne formaient tout le mobilier. Becque arpentait cette petite chambre, travaillant devant sa glace, cherchant le geste d'un personnage, attendant le mot juste et précis. Il travaillait surtout l'été. Il

adorait le soleil, les fleurs, la verdure et les
oiseaux, et c'est dans les Champs-Élysées (sa
mère demeurait dans une rue voisine) qu'il a
trouvé — le ciel sur la tête, comme il disait! —
ses scènes les plus fortes et ses mots les plus
cruels. Becque qui, si volontiers, lançait le
trait, découvrant et déchiquetant tout un homme,
croyait à l'affection, à l'amour et au ciel bleu.
C'était un poète...

Durant les dernières années de sa vie, il était
souvent malade et las. Je le vois encore — je le
verrai toujours! — en cette chambre toute vide
— sans canapé et sans planche à livres — de la
lugubre maison Dubois, où j'allai lui rendre
visite souvent avec mon cher ami Léon Gandillot. Il avait, à l'exemple de Sarcey, un faible
pour Gandillot... Jamais il n'eût manqué d'aller
applaudir une de ses pièces à la première représentation; il aimait ce jeune talent, fait d'observation vraie; il aimait cette âme exquise
dont il devinait la timide et infinie bonté. Ce fut
Gandillot qu'il chargea de dénicher la maisonnette d'été qui devait lui rendre la santé. Becque
attendait les beaux jours et les fleurs — toujours
les fleurs! Il allait mieux... Puis, comme si la

malechance s'attachait à lui, le feu prit dans son cinquième de l'avenue de Villiers. Un pardessus seul échappa à l'incendie, trempé par l'eau. Il l'endossa et se réfugia chez des amis à la campagne. Mais il voulait revoir Paris, sa chambre brûlée... Le mal augmentait et quand, huit jours avant sa mort, je le vis arriver chez moi, essoufflé, n'ayant plus ce clair regard d'autrefois, je compris que c'était fini... Nous l'avions supplié d'accepter un poste que M. Sardou, son ami fidèle, allait obtenir pour lui; mais il ne voulait rien entendre; il avait un démêlé avec la Société des auteurs et ne rêvait que procès... Et cependant il se sentait perdu; il n'avait plus de force pour combattre, lui qui avait tant combattu, tant souffert! Le lutteur était vaincu. Il tomba.

Que d'humiliations il dut subir! Avec quelle fierté il supporta la pauvreté, nul ne le saura jamais! Si parfois il était terrible, injuste même dans ses attaques contre les grands, comme il savait défendre les méconnus! Des mots amers, des articles sanglants, mais jamais une concession, une faiblesse, une perfidie, jamais une action qui ne fût pas droite, jamais un mensonge! Cet homme qu'on disait méchant, savait aimer... Ah! les douces et intimes causeries! Ah! les repas charmants entre Léon Gandillot, Henry Bauër, Alfred Capus, Georges Payelle et Félix Decori! Comme il les animait de sa gaîté mâle et robuste! Ce Becque-là, on ne l'a pas connu. Aussi ce fut une consolation, un soulagement pour ses amis que d'entendre M. Henry Roujon rappeler, le jour de sa mort, dans un discours simple et beau, ce que fut l'écrivain et ce que fut l'homme. C'était là plus et mieux que l'hommage du directeur des beaux-arts; c'était la réparation éclatante, légitime, officielle, rendue publiquement à un grand écrivain, à l'un des plus grands écrivains de notre temps et de tous les temps.

SOUVENIR DE CENSURE

Juin 1902.

On a dit que le dîner offert chaque année par la Société des auteurs est somptueux entre tous : cela est vrai ; il a encore ceci de particulier que M. Sardou s'est interdit et a interdit les discours. Grâce à cette précaution, aussi sage que spirituelle, les quelques invités, dont j'ai l'honneur d'être, s'y rendent avec joie. C'est si rare, c'est si reposant, un dîner sans discours officiels et sans applaudissements de commande ! Aussi, quel succès, l'autre soir, quand le président rentrant, M. Ludovic Halévy, s'excusant de faire exception, a, en termes vraiment exquis, souhaité la bienvenue au petit-fils du président sortant, le jeune de Flers, un futur président de la Société des auteurs, sans doute... Un de nos voisins a immédiatement adressé à la Société une proposition tendant à l'adoption du toast assis. Ce voisin sait, et lui peut-être plus que les autres, qu'il y a toujours et partout les deux écoles...

Oui, les deux écoles! J'ai connu, pour ma part, un fonctionnaire, fort galant homme, qui n'assistait à un repas officiel qu'à la condition absolue d'être placé à la droite du président. La droite, c'était l'honneur suprême; la gauche, ce n'était déjà plus que le demi-honneur. Notre pauvre ami Gustave Ollendorff l'avait surnommé « le droit de l'État ». Il y a une quinzaine d'années — austère censeur que j'étais! — j'eus l'imprudence de m'installer, un jour de répétition générale (il y avait alors des répétitions générales !) à la droite du directeur du théâtre. Je mis notre « droit de l'État » dans une fureur telle que je jurai de ne plus recommencer.

Le lendemain de cette escarmouche, j'eus le plaisir de rencontrer Dumas : je lui contai la scène...

— Écoutez-moi, me dit-il. Il y a un homme qui, tout grammairien qu'il était, n'en fut pas moins un grand philosophe : c'est Lhomond.

— Lhomond?

— Oui, le Lhomond de vos pensums ! L'homme qui a écrit : « Ne dites pas : Je le ferai venir. Dites : « Je vais aller le voir. » cet homme-là, voyez-vous, a indiqué, le plus simplement du monde, les devoirs du fonctionnaire. Donc, sachez « faire venir », mais surtout sachez « aller voir ». Avec cette maxime bien appliquée, vous vous tirerez d'affaire !...

.*.

Les préceptes de Dumas étaient ceux d'un sage... Il faut se garder d'exagérer l'importance du char de l'État... La droite et la gauche ne comptent pas ici-bas, et l'officialisme à jet continu n'a jamais exercé sur moi qu'une action médiocre... Et voilà peut-être comment — mon confrère Alphonse Lemonnier l'indiquait récemment avec une bonne grâce dont je le remercie — j'ai, durant tant d'années, marchant sur la corde raide, tenu d'une main les ciseaux d'Anastasie, et de l'autre la plume du critique.

Vous n'écriviez alors, mon cher confrère, ni vos souvenirs, ni vos articles de critique. Vous n'étiez pas encore directeur de ce Château-d'Eau que vous avez surnommé « théâtre de la République » sans que jamais un conseiller municipal, reconnaissant, vous ait voté la moindre subvention... Vous faisiez des pièces, des revues surtout, et vous vous amusiez à présenter à Anastasie des couplets déjà cent fois interdits par elle. La bonne dame, sans rien dire, coupait consciencieusement vos couplets, et le tour était joué. Vous avez d'ailleurs raison d'affirmer que nos rapports étaient excellents, même quand je vous priais, le plus gentiment possible, de couper un couplet, une scène... J'ajouterai que c'est une ravissante comédienne, la pauvre petite Mary Crouzet, qui me donna l'occasion de constater que les revuistes, qui, comme vous, tourmentent Anastasie et s'en moquent, sont parfois de braves gens. Vous étiez alors directeur de la scène aux Variétés. Mary Crouzet, qui était l'intelligence et l'esprit mêmes, mais qui était emportée comme pas une, s'était promenée, dans le couloir de sa loge, en peignoir, en demi-peignoir, en quart de peignoir. Vous la mîtes à l'amende, au tableau. Elle entra dans une colère folle et se laissa aller à vous lancer un mot —

un seul — qui motiva son renvoi. Elle vint bien vite me trouver et me conta le petit drame. Les cartons de concerts pleuvaient alors sur ma table et les chansonniers attendaient leur tour, leur visa. Mais elle ne voulut rien entendre... Je courus aux Variétés : j'implorai sa grâce et j'avais eu à peine le temps de plaider les circonstances atténuantes que, déjà, vous aviez oublié le mot et la chose!

*
* *

Pauvre petite comédienne, qui débarquait chaque soir aux Variétés, escortée d'un valet de pied, et qui, au fond, était restée une vraie grisette... Elle avait débuté au concert, à l'Alcazar d'hiver, où elle avait été découverte par Scholl. Mais c'est aux Variétés, à côté de Céline Chaumont, de Réjane, de Granier, de Judic, de Lender, de José Dupuis, de Baron, de Cooper, de Christian, de Léonce, de Germain, de Lassouche, qu'elle trouva sa véritable place. Bertrand alternait alors la *Belle Hélène* et *Barbe-Bleue* avec *Décoré* et *Ma Cousine*. Elle n'avait qu'une toute petite voix, un peu pointue, et elle était la première à rire de son « filet de vinaigre ». Elle se sentait plus à l'aise dans la comédie, bien qu'elle eût soin d'ajouter :

— Et encore, il ne faut pas que mon rôle soit trop long !

Elle était d'une modestie si gracieuse que directeur, auteurs et camarades, lui trouvaient beaucoup plus de talent qu'elle ne voulait en avoir. C'est ainsi que malgré elle, elle joua des rôles importants. Elle marqua les silhouettes parisiennes de Meilhac et Halévy d'un trait exquis. Elle était en train de devenir une vraie artiste, une comédienne qui compte, quand elle fut engagée aux Nouveautés pour y débuter dans une opérette de Sylvane et Audran, *Mon Prince*. Le directeur des Nouveautés, M. Micheau, lui avait préparé un si brillant engagement qu'elle n'osait y croire : elle ne pouvait supposer qu'on la prît au sérieux. Elle signa l'engagement et joua la pièce avec un grand succès... Après quelques représentations, elle quitta les Nouveautés et Paris : elle alla mourir à Biarritz... Rieuse et folle, gamine et gaie, sans souci du lendemain, oublieuse de la veille, née pour courir dans les bois, son chapeau d'une main et son ombrelle de l'autre, elle était la Bernerette de Musset et la Musette de Murger. Et c'est sans doute parce qu'elle était tout cela, qu'elle fut une toute petite mais très parfaite interprète du théâtre de Meilhac et Halévy. Elle en comprenait la grâce extrême, l'irrévérence délicieuse, l'ironie délicate, la poésie suprême.

Petites mais incomparables comédiennes que celles-là... Elles ne peuvent plaire qu'à Paris où elles sont nées, où elles ont vécu, où elles aiment et où on les aime !... C'était, ce me semble, plus qu'une gentille camarade qui s'en allait, c'était un peu du théâtre de Meilhac et Halévy qui disparaissait avec Mary Crouzet.

Aimons-les, gardons-les, ces petites Parisiennes !... Elles éclairent notre théâtre, elles l'illuminent; elles en sont le charme et le sourire... Voici *la Veine* et *les Deux Écoles* qui, en ces mêmes Variétés, prennent la place de la *Petite Marquise* et de la *Cigale*. Et voici à son tour, une jeune comédienne qui, étonnante de légèreté et de gaminerie, avec une toute petite pointe de malicieux libertinage, devient une des interprètes rêvées du théâtre d'Alfred Capus. Je l'ai vue, elle aussi, balbutiant des couplets de revue, tremblant de peur, puis tentant de jouer un tout petit rôle de comédie que lui avait dessiné Meilhac dans *Brevet supérieur*. Toujours Meilhac!... Elle est célèbre aujourd'hui : la petite comédienne est devenue grande et Paris a adopté Ève Lavallière...

A M. GEORGES DE PORTO-RICHE

Août 1902.

Vous avez eu, l'autre soir, plus qu'un succès : vous avez eu une revanche. J'imagine que, pour un auteur dramatique, la joie qu'apporte ce supplément de succès est exquise entre toutes... Vous avez dit que, de tous les bulletins de victoire, celui de M. Félix Duquesnel vous avait été particulièrement doux : je vous comprends. C'est qu'en même temps qu'il proclamait l'éclatante réussite de votre ouvrage, il rappelait l'heureuse époque où vous alliez modestement, votre manuscrit sous le bras, rendre visite au directeur du second Théâtre-Français. Ce directeur, c'était M. Félix Duquesnel lui-même. La date exacte ? cherchez. Comme le héros de votre poète favori, vous aviez alors seize ans à peine et vous sortiez du collège! A cet âge-là, peut-on savoir ce qui est innocent ou criminel? Le directeur lut votre pièce séance tenante; immédiatement — les temps sont bien changés! — il la mit en répétitions et confia le rôle principal à cette aimable Émilie Broisat, qui appartenait alors depuis quelques années à l'Odéon et qui, à la Comédie-Française, marqua d'une empreinte personnelle quelques rôles, tels la Caroline de Saint-Geneix du *Marquis de Villemer*, la *Philiberte* d'Émile Augier et Lucy Watson du *Monde où l'on s'ennuie*. Votre pièce n'avait pas de titre. M. Duquesnel vous proposa de l'appeler le *Vertige*. Ce fut votre premier essai de théâtre.

Deux ans après, — cherchez encore la date! — encouragé par le sympathique accueil fait aux jolis vers du *Vertige*, vous apportiez au directeur de l'Odéon une grande pièce historique ; *Un Drame sous Philippe II*. Les drames historiques étaient alors fort en honneur; le succès de votre ouvrage fut aimable. Suivant Auguste Vitu, votre pièce s'ouvrait par une exposition claire et logiquement déduite, bien qu'un peu longue; elle finissait mieux encore, par une succession de scènes terribles, mais entre ce point de départ et ce point d'arrivée, deux actes vides trahissaient votre inexpérience. Vitu vous reprochait aussi d'avoir peint Philippe II comme un sectaire couronné et de n'avoir pas suffisamment creusé le personnage. Il ajoutait que vous aviez froissé quelques susceptibilités ombrageuses et contrarié les vues saines et claires de l'Histoire. Mais c'étaient là des chicanes que le savant critique prenait plaisir à chercher aux jeunes auteurs. En somme, votre *Philippe II* avait réussi, mais il n'avait pas révolutionné l'art dramatique.

C'est alors que commença pour vous cette inquiétante période de longue attente, que connaissent les écrivains de théâtre et surtout les poètes. Vous nous donniez, de temps à autre, des vers, et ces vers décelaient votre manière, votre talent, votre âme. Il semblait que la jeunesse allait être votre constante, votre unique préoccupation. Oui, la jeunesse! Considérez, déchiquetez les personnages de votre *Théâtre d'amour*. En est-il un, je vous le demande, un seul qui dépasse la quarantaine? Vous ne savez pas ce que c'est qu'un père noble et vous ignorez la duègne. Heureux homme! N'est-il pas vrai — il y a bien longtemps que je vous fis pour la première fois cette remarque — que l'avenir est un mot qui terrifie? A l'exemple de Perdican, — toujours Musset! — vous ne vivez que dans le passé. *Bonheur manqué!* Mais, ces deux mots que vous avez placés en tête d'un ouvrage pour lequel j'avoue ma particulière prédilection, n'indiquent-ils point votre éternel regret? Le mélancolique « Qu'est-ce que ça fait? » qui termine votre admirable *Amoureuse*, n'est-ce point le soupir même d'une âme attristée de ne plus ressentir les émotions qu'on n'éprouve qu'une fois dans l'existence?

Les années ont marché depuis le *Vertige* et le *Drame sous Philippe II*. Vous nous avez donné votre Théâtre d'Amour, et votre talent et votre âme n'en ont pas moins toujours vingt ans. Votre cerveau travaille et bouillonne, mais c'est toujours votre cœur qui frémit et frissonne, et vous retrouvez en ce cœur d'anciennes larmes faites de regrets :

> Une larme en dit plus que l'on ne saurait dire.
> Une larme a son prix : c'est la sœur d'un sourire.

Musset, encore Musset, toujours Musset!... Votre tendresse est comme la sienne; ce qui vous plaît dans l'amour, c'est la souffrance. Les blessures de vos héroïnes ne veulent pas guérir. Vanina, Françoise, Germaine et Dominique sont d'éternelles blessées qui aiment autant la souffrance que l'amour.

* * *

L'attente fut longue, après *Philippe II*. Les directeurs lisant les pièces à la manière de Félix Duquesnel se faisaient rares. Enfin, Antoine vint; et Antoine, c'était le salut, le Messie; il ouvrait toutes grandes les portes de son Théâtre Libre aux jeunes auteurs qui n'avaient pu forcer celles des scènes régulières.

Il joua votre *Chance de Françoise* : cet acte, d'une observation si pénétrante, eut un succès tel que le Gymnase se l'annexa. Je vois encore la pauvre petite Julia Depoix, à laquelle vous aviez confié le rôle principal, heureuse de le jouer, mais cependant inquiète à l'idée qu'elle en ferait trop, ou peut-être pas assez. Comme elle était une habituée des vendredis de Sarcey, elle demanda au critique une consultation sur votre rôle de Françoise.

— Mais vous n'êtes pas la femme du rôle, mon enfant! s'écria Sarcey, bondissant, en pleine table, au milieu des petites camarades enchantées.

— Je suis trop petite?

— C'est ça!

— Toujours, alors? balbutia, les larmes aux yeux, la gentille artiste.

— Mais oui! Françoise n'est ni une ingénue ni une amoureuse, ni une Reichenberg ni une Barretta. C'est une jeune première. Avez-vous la brochure? Après le déjeuner, nous lirons le rôle ensemble au lieu de jouer aux dominos. Vous verrez bien!

Le repas terminé, le critique s'exécuta, et avec quelle joie! Rien ne l'amusait, vous vous en souvenez, comme de démonter une pièce, un rôle, et de prouver que le théâtre est une affaire d'horlogerie.

— Mais comprenez donc, reprenait Sarcey, que Françoise est une névrosée, une malade, une petite-cousine des petites femmes de Meilhac et Halévy. Françoise se tourmente quand son mari n'est pas là; elle regarde l'heure, elle contemple la pendule, elle voudrait faire avancer les aiguilles; elle croit qu'il ne reviendra pas, qu'il l'a oubliée, et dès qu'elle entend le son de sa voix, elle est folle de joie, et — suivez-moi bien — à cette joie secrète qu'elle n'ose pas montrer, se mêle une indicible angoisse. Elle voudrait tout dire et elle redoute une explication. Elle souffre et elle rougit de souffrir. Elle est aimante et jalouse; elle est tyrannique et méfiante. En voilà des nuances! Vous les comprenez, j'en suis certain; vous avez peut-être même passé par là. Vous avez joué — à la ville — le rôle de Françoise. Mais autre chose est de comprendre et d'exécuter! Je vous ai démonté la carcasse du rôle et je constate en terminant, s'écriait Sarcey, contemplant la mine déconfite de l'artiste, je constate que vous êtes bien plus démontée que le rôle lui-même.

La pauvre Julia Depoix s'en alla, la mort dans l'âme, à la répétition. Elle joua le rôle; mais la critique avait dit vrai : la comédienne était trop petite...

Après ses voyages au Théâtre Libre et au Gymnase, votre *Chance de Françoise* fut réclamée par la Comédie-Française, qui l'annexa à son répertoire.

A *Françoise* succédait l'*Infidèle*. Cette fois, le

succès prenait les proportions d'un triomphe. C'est que votre poésie était si brillante, si hardie et si insolente! C'est que votre Renato, véritable nouveau mari de Françoise, homme de lettres vaniteux, égoïste et incapable d'aimer, se rendait si bien compte de sa vanité, de son égoïsme et de sa sécheresse! C'est que les couplets de Vanina étaient si sonores, si colorés et si pittoresques! Vous étiez revenu tout naturellement à Musset — toujours Musset! L'idéale Venise de Renato et de Vanina nous rappelait l'Italie de *Bettine*, la Sicile de *Carmosine*, la Hongrie de *Barberine* et la Bavière de *Fantasio*, toutes ces rayonnantes féeries du ciel éternellement bleu de l'incomparable poète!

Après un tel succès, vous nous deviez une grande comédie moderne. Vous l'aviez promise et vous avez tenu parole. Le 25 avril 1891, l'Odéon donnait *Amoureuse*.

— Je n'oublierai jamais, m'écriviez-vous le lendemain de la première représentation d'*Amoureuse*, que vous m'avez soutenu dans cette rude bataille et que c'est vous qui avez baptisé la pièce du nom d'*Amoureuse*.

Oui, c'est moi qui en suis le parrain, et, vous

le dirai-je? je suis fier et très fier de ce parrainage. J'étais alors inspecteur des théâtres, censeur. J'attendais impatiemment le trop fameux manuscrit de censure. Vous m'aviez conté votre sujet, j'avais assisté à des fins de répétitions, et je me réjouissais à l'idée de lire ces trois actes que directeur et artistes proclamaient admirables. Mon attente ne fut pas déçue. Réjane, Porel et les interprètes ne m'avaient pas trompé. Ce fut, dans les bureaux de la rue de Valois, une révolution véritable; mes collègues partageaient mon enthousiasme, et, cédant à nos conseils, le directeur des Beaux-Arts prit connaissance de l'ouvrage, qu'il déclara un chef-d'œuvre. Toutefois, le titre (le manuscrit administratif nous avait été adressé sous le nom de l'*Ennemie*) me semblait plutôt convenir à un mélodrame noir qu'à une comédie si vivante et si moderne. Je vous présentai cette observation à tous trois, — car vous étiez tous trois, Réjane, Porel et vous, attelés à la besogne, — et, après bien des hésitations, le titre d'*Amoureuse* fut adopté. Les répétitions avaient été si longues et si fatigantes que personne n'y voyait plus clair. Ah! les belles répétitions que celles-là! Quelles merveilleuses leçons de théâtre! Jamais Porel ne monta une œuvre avec plus d'ardeur, jamais Réjane ne composa, n'étudia, ne fouilla un rôle avec autant d'enthousiasme. Tous deux étaient à l'avant-scène, indiquant les mouvements, surveillant les moindres détails... Elle ne se contentait pas, elle, de vivre Germaine, de mettre en relief une des faces du personnage qu'elle découvrait chemin faisant avec le travail, mais avec quelle clarté elle indiquait le rôle d'Étienne à son camarade Dumény! Puis, la répétition finie, nous recommencions, le soir, dans la gentille salle à manger de l'avenue d'Antin, où nous dînions tous les quatre... Que de batailles vous avez eu la coquetterie de laisser gagner par votre incomparable interprète!

— La vie d'amour chez la femme, la haine de l'amour chez l'homme, voilà notre *Amoureuse*, répétait-elle. Lui, Étienne, l'a prise pour surveiller la maison et régler les comptes, n'en voulant faire que sa servante; elle, Germaine, lui a apporté la jeunesse et la pudeur, n'ayant pas le droit de lui parler d'amour. Voilà Germaine, voilà Étienne! Il n'y a pas à sortir de là!

Et me voici, reprenant, après onze années,

nos discussions d'autrefois, regrettant le temps où, remplissant les fonctions de critique et de censeur, j'avais la joie de lire une belle œuvre avant les autres! — Avant les autres! — Sentez-vous bien ce que cachent ces trois mots? Découvrir une belle œuvre, un vrai poète! Songez qu'Anastasie, en 1891, avait déjà une fort mauvaise réputation et que la critique était déjà, comme aujourd'hui, proclamée inutile et injuste, féroce et indigne. Et je me consolais d'être tous les jours censeur et d'être critique une fois par semaine, en lisant l'*Ennemie* — avant les autres!

Vous nous promettiez alors de nous donner, si votre ouvrage réussissait, un Don Juan moderne. Vous disiez que Don Juan et Hamlet c'est tout un, et comme vous aviez raison! Qui donc, d'ailleurs, a dit que Don Juan fut un philosophe gai et Hamlet un philosophe triste? Qui donc a dit et a eu le courage de dire que Don Juan et Hamlet doutent et font plus que douter, qu'ils ne croient pas? Vous nous montriez Hamlet redoutant le grand peut-être, et Don Juan se raset égoïste. Et vous nous prouviez que la route que prend Don Juan est aussi triste que celle que suit Hamlet. Pourquoi? C'est qu'ici et là, il y a le doute, toujours le doute, le pire des maux!

Et l'*Ennemie*, devenue *Amoureuse*, a réussi, triomphé, et je viens vous rappeler votre promesse. Ne souffrez pas qu'on dise de vous ce que Voltaire disait de Marivaux : « Il a connu les sentiers du cœur, mais il en a ignoré les grandes routes. » Ne laissez pas dire que la jalousie de Germaine est celle de Vanina et que la tyrannie de Dominique est celle de Françoise : donnez-leur un rôle d'homme, puisqu'ils le réclament, et offrez-leur ce Don Juan moderne et définitif que vous rêvez depuis tant d'années. Mais, de grâce, soyez ce que vous êtes, restez le poète du théâtre d'amour, gardez à vos héroïnes leur jeunesse, soyez l'interprète fidèle de la douloureuse et éternelle maxime du plus grand de nos philosophes : « Dans la vie, on veut faire tout le bonheur, et si cela ne se peut, tout le malheur de ce qu'on aime. »

AU CONSERVATOIRE

Août 1902

J'étais convié, le mois dernier, au dîner des professeurs du Conservatoire. C'était, pour moi, un début. J'étais donc un peu inquiet, comme il sied à un débutant, lorsque j'entrai dans l'immense salle à manger qui contenait une centaine de couverts. Mais je fus vite rassuré par le cordial accueil que me fit M. Crosti, l'organisateur de cette victoire artistique et culinaire. Je compris que le fâcheux officialisme allait être exclu de la réunion. Mon attente ne fut pas déçue ; M. Crosti fit mieux : il remplaça le toast traditionnel par quelques couplets joliment tournés dans lesquels il parlait, avec une malicieuse irrévérence, de certaines traditions administratives que les fonctionnaires, laborieux comme lui, ont, plus que les autres, le droit de railler.

Je contemplais cette table gigantesque, autour de laquelle s'étaient rangés tous ces hommes qui, quoi qu'on dise, sont et restent les premiers dans leur art, et je me reportais, non sans mélancolie, au temps déjà éloigné où je sollicitais, en compagnie de mon ami Philippe Crozier, l'autorisation de suivre les cours du Conservatoire. Oh! j'avais renoncé au désir de jouer la comédie (mon *ventre doré*, comme on disait naguère chez Molière, m'imposerait aujourd'hui l'emploi des pères nobles!) ; mais je caressais un vaste projet : celui de faire un substantiel ouvrage sur notre École de déclamation. M. Émile Réty était alors secrétaire général : je le connaissais depuis bien des années : il n'était pas seulement le frère de cet homme, excellent entre tous, notre ami Charles Darcours : il était aussi le père de mon camarade de collège Paul Réty, aujourd'hui un des plus distingués fonctionnaires du ministère de la Marine. Je savais qu'Émile Réty était aimé, respecté et craint en cette École dont il était le véritable chef, mais sa cordialité un peu brusque me faisait peur...

Allait-il me permettre de suivre les cours de Got, Delaunay, Worms et Maubant? Il me combla et m'accorda toutes les autorisations, mettant à ma disposition les ouvrages parus sur le Conservatoire, tout jusqu'à la bibliothèque. Les silhouettes artistiques d'un côté, le Conservatoire de l'autre, il n'en fallait pas plus pour calmer mon ardeur juvénile et mon amour du théâtre!

— Seulement, ajoutait le savant bibliothécaire, M. Werckerlin, je vous avertis que votre besogne sera parfaitement inutile. Tout ce qui devait être dit sur notre École a été dit. Tout ce qui a pu y être fait a été fait.

.*.

Je ne savais pas encore — ô illusions de la vingtième année! — que notre Conservatoire a toujours été, depuis sa fondation, l'objet des mêmes critiques et fournit chaque année, vers la fin juillet, aux feuilletonnistes, partant en vacances et avides de sujets, des thèmes inépuisables... Naturellement, je rêvais des réformes, et ces réformes étaient les plus vastes du monde.

Je prétendais qu'il fallait créer deux écoles distinctes : l'une pour la musique, l'autre pour la déclamation; placer à la tête de chacune d'elles un administrateur spécial, comme si nous n'avions pas assez de fonctionnaires! Je demandais la suppression, au mois de janvier, du concours des pensions, jugeant qu'une enquête sur la situation de chaque élève s'imposait. C'était simplement l'impôt sur le revenu que je préconisais. Au Conservatoire!... Il y avait alors — il faut tout dire! — dans la classe de M. Delaunay, une toute jeune fille, blonde comme les blés, d'une éclatante beauté, accompagnée de sa maman, laquelle avait bien plutôt l'air d'être sa sœur, et cette jeune fille, à laquelle son maître prédisait le plus brillant avenir, avait obtenu une pension; comme elle n'en avait pas besoin pour vivre, elle la rendit généreusement. Cette jeune fille devait s'appeler Marie-Louise Marsy.

Je souhaitais aussi que, comme autrefois, on rappelât les récompenses, ce qui était, à mon sens, le meilleur moyen d'indiquer aux élèves qu'ils n'ont pas progressé.

Mais les grosses réformes, c'était l'organisation régulière et immédiate d'exercices publics, c'est-à-dire de représentations classiques données par les élèves du Conservatoire ; c'était, en somme, la création de ce théâtre que M. Bodinier a appelé Théâtre d'application ; c'était l'obligation, pour les premiers lauréats, d'un stage de deux années à l'Odéon ; c'était la défense aux candidats de dire, au concours de fin d'année, une scène moderne.

... Oh ! pour l'interdiction des scènes modernes et l'obligation des scènes classiques, j'étais féroce... J'avais mis de mon côté les professeurs d'abord, Sarcey ensuite, à qui je contais fidèlement tout ce qui se passait à l'École. Il me semblait qu'on n'apprend à jouer le drame qu'en s'exerçant à la tragédie et qu'avant de dire du Victor Hugo ou du Musset, il faut avoir dit du Racine et du Molière. J'allais plus loin : je demandais que les élèves, se destinant à la comédie, fussent contraints de concourir en tragédie. Bref, encore imbu des préceptes que je venais de recevoir de mon professeur de rhétorique Eugène Talbot, j'étais tout entier au répertoire classique. Je bondissais à la lecture des programmes, accusant ceux-ci de dire du Dumas, parce que l'auteur de la *Dame aux Camélias* faisait partie du jury et ceux-là de négliger celui des *Effrontés* parce qu'il n'en était pas.

Toutes ces idées indiquaient-elles une âme de conspirateur?

Enfin, à tout prix, je voulais que les concours de fin d'année eussent lieu à l'Odéon, dont la vaste salle me paraissait indiquée pour abriter jurés, élèves et public le jour du concours final. Des hommes avisés, comme mon ami M. Eugène des Chapelles, alors chef du bureau des théâtres, avaient beau me faire remarquer que l'Odéon ne remplirait pas le même but que le Conservatoire, que les élèves ne sont pas des comédiens formés et qu'il était préférable de les juger sur une scène d'étude... Je ne voulais rien entendre et, consciencieusement, chaque année, comme les camarades, je refaisais l'article sur le Conservatoire, pestant contre tous et contre tout, contre la jeune Desdémone qui, en robe de soie si elle est riche, et en robe de laine si elle est pauvre, vient se faire étrangler par le bouillant Othello, lequel, en habit noir, se donne des airs de Mounet-Sully, se coiffe à la façon d'Albert Lambert et se campe comme Paul Mounet... Et je maudissais ce public d'aspirants comédiens riant à l'excès et pleurant de même, ces lauréats témoignant, à l'appel de leur récompense, leur mécontentement ou leur satisfaction par un salut appris et fabriqué depuis des mois...

Et je ne me disais pas que j'étais moi-même aussi comédien, plus peut-être, que ce lauréat, puisque, pour lui comme pour moi, il n'y avait alors rien de vrai, de bon et de beau que le théâtre avec sa rampe et sa toile, sa cour et son jardin!

* *

Et me voici, après plus de vingt années, constatant que mes anciens étaient des sages. Que d'articles inutiles! Que de discussions oiseuses! Nous avions alors une demi-douzaine d'articles tout prêts : il y avait l'article-Conservatoire, l'article-Koning, l'article-marchands de billets et aussi, je le dis à ma honte, l'article-Sardou! Nous ne comprenions pas que l'homme qui a fait *Patrie!* et la *Haine*, *Divorçons* et les *Vieux Garçons*, *Rabagas* et la *Famille Benoîton*, les *Pattes de mouche* et *Nos Intimes*, *Théodora* et la *Tosca*, qui a eu le sens de la haute tragédie, qui nous a amusés, étonnés et conquis par de simples procédés de drame, de comédie et de vaudeville, qui a tracé, quand il en a pris la peine, le tableau le plus fin et le plus vivant de nos mœurs, qui a touché à l'histoire et n'y a pas été inférieur; nous ne comprenions pas que cet homme extraordinaire, à l'imagination si souple et si vive, si fertile et si française, c'est le théâtre même, l'illusion de la vie! Il y avait aussi l'article-Censure, mais celui-là — et pour cause — nous était interdit...

Et je voulais dire aujourd'hui ce qu'avaient été comme professeurs les Got, les Delaunay, les Worms et les Maubant, ce que sont devenus leurs élèves. Je voulais rappeler ce fameux concours de comédie où trois jeunes filles se partagèrent la première récompense : Mlles Brandès, Marsy et Bruck... Et me voici, profitant des leçons de l'expérience, confessant mes fautes, me rendant compte de ce qu'est cette grande et admirable École, plein d'une respectueuse affection pour son chef et de sympathique estime pour ses maîtres, gardant pour son secrétaire général Fernand Bourgeat une amitié fidèle, ayant moi-même le plaisir d'être croqué par le délicieux Cappiello, aimant enfin tout ce que j'ai renié, et reprenant pour moi-même le mot, profondément juste, hélas! de Dumas :

— Un homme qui, arrivé aux honneurs, pense, dit et fait exactement le contraire de ce qu'il disait, pensait et faisait avant d'y arriver, ça n'est pas nouveau, ça n'est pas original, mais c'est toujours amusant !

A M. THÉODORE DUBOIS

Août 1902

Au mois de mai 1899, La Ferté-Milon fêtait son illustre compatriote Racine. Le Temps — vous le savez — dès qu'il pressent une solennité et voit tout un petit peuple heureux de célébrer une de ses gloires, se fait souvent une joie malicieuse d'être abominable : ce jour-là, loin de nous taquiner, il s'était mis de la partie, et c'est par une de ces radieuses journées de printemps, où tout semble être au bonheur, que nous avions gagné La Ferté-Milon. La fête fut d'une cordialité rare : le soir, à table, M. Henry Roujon, dans une allocution charmante, s'engagea, au nom de tous, à refaire ce pèlerinage. Puis, nous prîmes le chemin de la gare, un long chemin qui nous parut court, Mme Bartet s'étant faite notre guide, au milieu des torches et des flambeaux, entourée de tous les pompiers du département de l'Aisne. Ce fut une retraite vraiment unique que celle-là !

Un de nos aimables compagnons de route, notre ami Pol Neveux, l'auteur de ce *Golo* que n'eût pas désavoué Georges Sand, nous faisait les honneurs du pays.

— Ici, nous disait-il, est la propriété des Montebello. Là-bas, bien loin, encore plus loin, vous apercevez ce clocher sur lequel tombe un rayon de lune ? Eh bien ! ce clocher, c'est celui du village de M. Théodore Dubois.

— Et quand on songe que M. Théodore Dubois n'a pas assisté à cette fête ! reprit un des assistants.

Cet assistant, Monsieur le Directeur, c'était moi. Vous avez oublié, ce dimanche-là, votre clocher, et je pense que vous auriez été très fier de vos compatriotes, et aussi de ce pays, que d'aucuns calomnient à tort et qui jamais sans doute ne revêtit plus souriante parure. Qui donc eût osé dire alors que votre province est plate, pâle, indécise, que vos campagnes sont uniformes, que vos villes sont tristes et neutres? Pour un peu, j'aurais affirmé que cette neutralité est une supériorité. N'est-ce point, d'ailleurs, Michelet qui prétendait que le génie propre de vos provinces, c'est de participer à toutes les originalités provinciales et de former le lien et l'intermédiaire entre toutes les autres? Nous ne pouvons pas tous avoir les saillies des Gascons, les grâces des Provençaux, la malice des Normands, la persistance des Auvergnats, l'opiniâtreté des Bretons!

*
* *

C'est donc là-bas qu'entre une compagne admirable et quelques êtres aimés, vous travaillez amoureusement à cette *Xavière* que nous vîmes naguère si jolie à l'Opéra-Comique et que vous voulez nous rendre plus jolie encore... C'est votre manière, à vous, de vous reposer des fatigues du Conservatoire !... Et vous êtes là, heureux, profondément heureux, vivant comme un sage, ne sachant rien de la grand'ville, ignorant ce qu'on y dit, ce qu'on y fait et ce qui s'y prépare. Ce que vous aimez en Paris — ne l'avez-vous pas dit un jour ? — ce sont ses environs. Vous reconnaissez que, si Paris s'éteignait, la nuit se ferait sur le monde, comme si le soleil disparaissait pour ne plus renaître. Vous savez bien que si Paris n'existait pas, il faudrait l'inventer, et vous vous souvenez de l'immortelle parole d'un souverain étranger : « Paris empêche le monde de s'abêtir ! » Vous savez que, pour avoir de l'esprit, du goût et de la grâce, pour apprendre à plaire, il faut venir à Paris, comme les Romains allaient à Athènes : vous savez que c'est lui qui est le juge suprême et qui distribue les couronnes ; vous ne niez pas que, dans notre Ville-Lumière, on peut dépenser des millions ou trois francs par jour, qu'on y a la liberté du travail et aussi celle du plaisir, qu'on y connaît tout le monde si l'on veut et même qu'on n'y connaît personne. Vous savez tout cela, et cependant, vous êtes de ceux qui rêvent de vivre sur le *Touriste* : vous croyez, avec Gautier et tant d'autres, qu'il n'est rien de plus solide et de plus léger à la fois que ces immenses arcades du Point-du-Jour, que ces larges baies à travers lesquelles on découvre ces sites incomparables de Sèvres, de Meudon, de Saint-Cloud, de Marly, délices des peintres, des poètes et aussi des musiciens.

Hélas ! De votre faubourg Poissonnière à ces coteaux enchanteurs, il y a loin. Mais vous vous consolez en vous dévouant à la jeunesse, en préparant un peu de bonheur à ceux qui, comme vous et après vous, iront rêver et chanter au Bas-Meudon. Vous avez senti l'importance et la grandeur de votre tâche, et lorsque, l'autre jour, à la distribution des prix, tous ces professeurs, tous ces jeunes gens, tous ces enfants acclamaient votre nom, ils vous rendaient tout simplement justice. Vous avez compris que le Conservatoire est un établissement d'instruction réunissant les trois degrés : primaire, secondaire, supérieur. Vous vous êtes rappelé que l'organisateur de ce lycée était un brave et honnête bourgeois, amoureux de musique militaire, et que, — il n'y a que la foi qui sauve ! — c'est grâce aux sages principes de ce simple capitaine de garde nationale que cette maison est devenue, par des étapes successives, une École de musique instrumentale, de composition, de chant et de déclamation. Vous avez, il y a cinq ans, renoncé à ces classes de composition et d'harmonie qui vous valurent de si mérités succès, et vous vous êtes donné tout entier à cette École, plein de confiance en cette jeunesse laborieuse.

. * .

Et moi aussi, comme vos professeurs et vos élèves, j'éprouve le besoin de venir à vous et de vous remercier. C'est que je vous ai vu à l'œuvre durant toute l'année scolaire. Et quelle œuvre ! Il n'en est pas de plus délicate. Au mois d'octobre, entre quatre cents jeunes gens, en choisir, en distinguer trente ; au mois de janvier, distribuer des pensions, des indemnités, des secours ; au mois de juin, désigner ceux et celles qui sont dignes de subir l'épreuve publique ; au mois de juillet, établir un classement définitif. Ici comme là, toujours et partout, vous nous avez donné l'exemple de l'indulgence et de la bonté, pensant que, dans la vie, il faut être trop bon pour l'être assez.

Et tandis que, sans tenir compte un seul instant, une seule minute, des recommandations, des influences extérieures, nous votions selon notre conscience — c'est votre mot — ceux-ci reprenaient un vaste plan de longues réformes, ceux-là criaient à l'injustice suprême, et ni les uns ni les autres ne voulaient se rendre compte de la difficulté de votre tâche. Et ce sera la même tâche l'an prochain, et en dépit de tous et de tout, c'est sur le modèle de notre Conservatoire que seront faites, dans toutes les grandes villes d'Europe et du monde entier, les fondations similaires.

Il faudra qu'un jour, Monsieur le Directeur, vous rendiez visite à vos collègues de l'étranger. J'ai fait ce voyage il y a trois ans, et je ne sais rien de plus réconfortant qu'une conversation avec un directeur d'Allemagne. J'ai eu là quelques-unes de ces minutes supérieures dont parle le bon Thouvenin de Dumas, et j'ai constaté avec joie que les plus grands admirateurs de notre théâtre et de notre enseignement dramatique et musical, ce sont nos voisins !...

LES FÊTES D'ORANGE EN 1894

Août 1902

Je songeais, l'autre jour, en lisant le récit des belles représentations qui viennent d'être données à Orange, à notre voyage de 1894. Tout l'Avignon était alors en fête : trois ministres, et non des moindres, avaient fait le déplacement. Chaque jour, nous étions conviés à l'inauguration d'un monument élevé à la mémoire d'un concitoyen qui avait eu quelques minutes de gloire. C'était une avalanche quotidienne de discours et de toasts. J'avais, pour ma part, été chargé d'une mission particulière : c'est moi qui, me tenant debout à la portière du wagon officiel, distribuais force saluts aux honorables chefs des gares subalternes, car nos trains soi-disant officiels s'arrêtaient partout, et partout, les habitants accourus en foule sur les quais des haltes, réclamaient un discours. Le « salut à la portière » devait remplacer la harangue attendue. Mon excellent ami Léon Barthou, qui accompagnait son frère, ministre des Travaux publics, eut pitié de moi et voulut bien me seconder dans ma tâche. Mais rien n'y faisait : aussitôt que nous nous montrions à la portière, la fanfare interrompait sa *Marseillaise* : un silence glacial se produisait : la déception de ces braves gens était complète : l'effet était navrant.

Nous nous consolions de l'insuccès de notre « salut à la portière », en allant, le soir, entendre *Antigone*. Et quelle *Antigone!* D'aucuns se montraient inquiets sur l'issue de cette soirée, prétextant l'immensité du cadre, la fragilité de certaines voix... Toutes ces critiques étaient vaines : jamais Mme Bartet ne remporta un plus beau triomphe, jamais sa voix ne fut plus délicieuse, sa diction plus pure.

— Vous verrez, nous répétait Sarcey, que nous ne retrouverons plus, comme en 1888, cette joie suprême, idéale, d'être emportés loin de la réalité ! Souvenez-vous de l'effroyable, de l'admirable apparition d'Œdipe aveugle, terrifiant, terrifié, serrant ses enfants dans ses bras et sur son cœur... Est-ce que Mounet-Sully fut jamais plus grand qu'en cette inoubliable soirée? Ce ne sera plus ça!

Notre Oncle se trompa : ce fut encore ça... La soirée d'*Antigone*, en 1894, ne fut pas inférieure à celle d'*Œdipe* en 1888.

Un simple détail avait d'ailleurs désarmé Sarcey. Les organisateurs de la représentation, pensant qu'*Antigone* ne formait pas un spectacle suffisamment long, avaient fait précéder la tragédie de l'aimable petite comédie de Paul Ferrier, la *Revanche d'Iris*.

— Que diable, cette *Revanche d'Iris* vient-elle faire sur le théâtre d'Orange! disait Sarcey à l'imprésario en chef. Vous savez que jamais Paul Ferrier n'a songé à votre théâtre! Vous préparez inutilement un échec à l'auteur et à ses interprètes.

— Vous verrez, répondait notre malicieux imprésario, vous aurez une surprise!

Nous avons eu la surprise. Les vers de Ferrier résonnèrent comme ceux de la tragédie grecque, et les comédiens, qui ce soir-là avaient particulièrement veillé à leur articulation, se firent entendre, écouter et applaudir. L'expérience était décisive : on pouvait tout jouer à Orange! Notre ami Ferrier se serait-il jamais douté qu'il ouvrirait un jour des horizons nouveaux aux amateurs du théâtre antique? Car Sarcey était troublé, très troublé... Il y avait là un phénomène qu'il ne s'expliquait pas. Cette représentation de la *Revanche d'Iris* avait bouleversé ses principes, et lorsqu'à nos séances de la Commission d'Orange nous discutions le choix des ouvrages, il reprenait invariablement :

— A quoi bon faire une sélection? Vous pouvez tout tenter à Orange! Vous y avez joué la *Revanche d'Iris!*

.^*^.

La représentation terminée, le train officiel nous ramenait à Avignon. A Avignon, c'étaient de nouvelles surprises. On nous avait fait espérer, à défaut de lits commodément installés, des fauteuils pliants... Quelle désillusion ! L'immense salle à manger de l'hôtel, qui, tout à l'heure, contenait nos illustrations politiques et littéraires, était convertie en un vaste dortoir. Je pris mon parti et fis comme les autres; je me couchai par terre, sous la table... J'eus, le lendemain, en ouvrant les yeux, la satisfaction de constater que j'avais eu, pour voisin de sous-table, un conseiller municipal d'Avignon. Nous fîmes vite connaissance et, très aimablement, mon conseiller me donna le moyen de visiter le Palais des Papes; ne pouvant me délivrer l'autorisation nécessaire, il m'adressa au Général, lequel m'octroya une carte pour trois personnes.

— Surtout, me dit l'ordonnance au seuil de la porte, soyez trois!

— Comment trois?

— La carte est valable pour trois personnes — ni plus, ni moins, vous entendez bien!

Je venais de friser la correctionnelle pour avoir voulu utiliser le dimanche soir, après vingt-quatre heures de voyage, un billet de chemin de fer qui n'était valable qu'à partir du lundi soir... Aussi ne discutai-je point l'ordre formel de l'ordonnance. J'étais bien décidé à prendre de force les deux premières personnes que je rencontrerais et à les conduire au Palais des Papes. La première fut Mlle Lucienne Bréval qui, la veille, s'était fait acclamer en chantant, avec un art incomparable, sur la scène même de la *Revanche d'Iris*, une superbe incantation de Saint-Saëns ; la seconde fut M. Georges Trouillot, député et rapporteur, cette année-là, du budget des Beaux-Arts. Nous montâmes dans un fiacre qui nous conduisit au Palais des Papes.

— Vous savez, nous dit notre cocher, avec une volubilité toute méridionale, que l'on n'y danse pas du tout en rond sur notre pont et que même il n'y pourrait danser personne. Vous voyez, du reste, qu'on a établi des jardinets sur la chaussée, ce qui prouve qu'à aucune époque de l'année on ne s'y livre à des rondes. Notre palais, madame et messieurs, voulez-vous que je vous dise ? c'est un mélange de château, de couvent et de forteresse : il est difficile d'inscrire plus lisiblement sa triple destination sur le front d'un édifice... Le Palais des Papes est devenu une caserne. En ce siècle positif, ce n'est qu'à la condition de se rendre utiles que les ruines obtiennent leur grâce. Lorsque notre maire, M. Pourquery, vous le connaissez bien notre maire le député... Mais entrez dans la caserne... Je vous attends...

Nous nous regardâmes tous trois, interloqués,

non sans avoir félicité notre cocher-guide de son érudition peu commune. Nous fîmes notre visite... La carte était bien valable pour trois personnes !... Puis, nous remontâmes en voiture et notre homme reprit son discours :

— N'est-ce pas, madame et messieurs, que notre église des Doms est admirable... Depuis Véronèse, on n'a jamais rien fait de plus brillant... Il est à regretter que ces peintures s'écaillent déjà largement... Jetez un coup d'œil sur la façade bizarre de l'ancien hôtel des Monnaies, dont l'attique est couronné de gros oiseaux de pierre...

L'église des Doms ! Véronèse ! Le positivisme de notre fin de siècle ! Je m'y perdais !... Le soir, je contai notre aventure au préfet et lui signalai ce cocher modèle.

— Mais il est célèbre, ce cocher, me dit en riant le préfet. C'est un ancien prix d'honneur du lycée d'Avignon, qui a eu des malheurs. Prenez votre Gautier, vous y trouverez la plus belle description du Palais des Papes. Votre cocher vous l'a récitée !

Guides de France et d'Italie, guides de tous les pays, faites comme ce cocher d'Avignon qui, en août 1894, eut l'honneur de conduire au Palais des Papes une grande artiste et un futur ministre! Guides, lisez, apprenez et récitez le divin Gautier! Vous ne vous enrichirez certes pas, mais vous pourrez vous vanter de plonger dans l'étonnement le plus profond vos naïfs visiteurs!...

VILLA DES CÈDRES

Septembre 1902

C'était il y a déjà bien des années... Je passais alors mes vacances à Trouville, tantôt chez ma chère amie Jeanne Samary, en sa petite maison de la rue de la Cavée, tantôt chez Léon Gandillot, qui nous hébergeait en sa villa des Cèdres. Cette villa était célèbre à Trouville : elle contenait deux ou trois chambres, et chaque soir une douzaine de camarades, hommes et femmes, venaient s'y installer, faute de place dans les hôtels. On y mangeait beaucoup, on y buvait plus encore et on y riait à la folie. Grosclaude, Alfred Capus, Alphonse Allais nous accablaient de calembours gigantesques, et l'intrépide Destouques avait commandé — on était alors en plein boulangisme — des chemises ornées du portrait du général. Cadet lui-même, l'aimable Cadet, avait revêtu la chemise classique, qu'il retrouvera quelque jour dans ses armoires... Une vieille chanson, merveilleusement dite par Thérésa, terminait ces agapes, tandis qu'Henry Fouquier, entre le rôti et le dessert, confectionnait, au milieu du vacarme, une jolie page de philosophie souriante.

Une jeune fille, d'une beauté éclatante, faisait l'admiration de toute la plage... Aucun de nous ne la connaissait... Tout ce qu'on savait d'elle, c'est qu'elle était Polonaise... Et nous répétions en chœur, à chaque repas :

— Et notre petite Polonaise ?

Je fus, en ma qualité de censeur, chargé d'une enquête. Bravement, je me présentai à elle et lui déclinai mon nom, mon titre...

— Vous êtes inspecteur des théâtres ? fit la jeune fille rougissante.

— Oui, Mademoiselle !

Et elle me dit, sa mère présente, qu'elle n'avait qu'un rêve : entrer au théâtre... Elle avait tous les diplômes, mais, elle eût donné ses certificats d'institutrice pour un petit engagement... A ce mot d'engagement, la maman balbutia, dans un idiome qui m'était étranger, quelques mots que je devinai fort désagréables : elle ne partageait pas l'enthousiasme de sa fille. Et celle-ci continuait, me posant maintes questions.

— Connaissez-vous M*me* Jeanne Samary ? Je voudrais tant la voir de près !

— Vous la verrez de près !... C'est convenu !

Hélas ! elle ne la vit jamais... Jeanne Samary partait pour Paris. L'année suivante, la petite Polonaise revint à Trouville : elle me rappela ma promesse... Il était trop tard !...

Et la sociétaire et la pensionnaire ne sont plus, et c'est en ce même Trouville que j'apprenais, l'autre jour, la mort soudaine de la petite Polonaise.

Il y a quelques semaines, elle m'avait fait l'amitié de venir me voir. Quelle mélancolie ! Quelles luttes terribles dans cette vie tout en surface ! Elle me parla du sociétariat une fois encore manqué, de ses espérances irréalisées : elle se débattait, elle était découragée. Doucement, je lui conseillai de s'essayer dans le répertoire.

— Et *Hamlet* ? Et *Hernani* ? Shakespeare

et Hugo, ce n'est donc pas du répertoire ?...

Elle n'avait peut-être pas tout à fait tort, et ce n'est pas sa faute si elle n'eut pas au théâtre le rang que nous lui avions tous prédit à sa sortie du Conservatoire. Elle n'avait pas encore trouvé sa vraie route, son emploi véritable... Au fond, elle n'était pas heureuse. Avec quelle joie elle m'accueillit, il y a deux ans, quand je la priai, au nom du ministre de l'Agriculture, de jouer, dans les salons du ministère, une piécette dont le rôle avait été écrit exprès pour elle!

— Je vais donc, s'écria-t-elle, avoir du Sèvres — comme une sociétaire!

Comme une sociétaire! C'était le cri du cœur, et du cœur meurtri...

* * *

Et Dumas ne l'a-t-il pas dit en un jour d'effroyable angoisse? La mort imbécile et lâche frappe d'une manière si rude, si rapide, si inattendue que nous n'avons plus le temps de jeter quelques mots d'affection aux amis de notre esprit et de notre cœur !... Nous mourons vite et nous vivons plus vite encore et d'une vie si agitée qu'il n'y a plus de place pour le souvenir! C'est à peine s'il en reste pour le chagrin ; c'est à peine si on a le temps de serrer la main à ses amis vivants... On regarde la terre, on questionne le ciel, on essuie ses yeux et l'on passe entraîné de nouveau par le torrent !

Et lui aussi, Gustave Roger était à Trouville, en cette même année, admirant la petite Polonaise !... Et la Société des auteurs perd en lui le plus dévoué, le meilleur de ses collaborateurs. A la vérité, Roger ne vivait que pour sa Société; il lui a consacré tout son temps, toute son intelligence, tout son cœur : il l'aimait sans réserve : il n'admettait pas qu'on la critiquât. Nous nous amusions parfois à le taquiner et, avec une naïveté touchante, il confessait que la Société, c'était sa vie. Il était de ces Parisiens qui pensent que le monde commence place de l'Opéra et finit à la porte Saint-Martin et que, hors le théâtre, il n'est pas de profession possible.

Nous n'étions pas toujours d'accord tous deux et, très ouvertement, il y a quelques années, je pris parti contre lui pour mon ami le plus tendre, Léon Gandillot, qui intentait un procès à la Société. Roger aurait pu, aurait dû peut-être dissiper ce malentendu, mais rien n'y fit... Attaquer la Société, c'était commettre un méfait...

Une autre fois, au retour d'une visite dans les théâtres de l'étranger, j'avais proclamé l'omnipotence de la Société. Ce mot « omnipotent » l'exaspéra à un point tel que le lendemain de la publication de mon article, il m'annonça que la Commission des auteurs m'avait infligé un blâme... Un blâme? Je me renseignai : j'allai trouver le président, qui me déclara qu'il ne soupçonnait pas l'existence de l'article. Le blâme venait de Roger lui-même.

Pensant avec raison que les théâtres étrangers vivent de notre littérature dramatique, il avait créé des agences, des succursales dans tous les coins du monde : il avait des plans plus vastes encore. Mais comme s'il avait le pressentiment de sa fin, comme si l'avenir lui faisait peur, il ne parlait plus de ses projets. Comment oublierai-je enfin avec quel empressement il est venu à nous quand je lui développai l'idée d'une caisse de secours destinée aux gens de théâtre malheureux? Il était de ceux qui ont puissamment aidé à la réussite de notre Œuvre. Nous l'avons vu malade, se traînant à peine, au théâtre Montparnasse, fidèle au poste, encourageant notre première tentative de théâtre populaire... Nous l'avons revu quelques jours après, toujours souffrant et ne disant point sa souffrance, à ce dîner annuel de la Commission des auteurs dont il était l'organisateur...

— A l'année prochaine, monsieur Roger, lui dit le restaurateur, venu pour chercher le compliment d'usage.

— A l'année prochaine ! soupira douloureusement Roger.

* *

Et je m'en voudrais de terminer cet article sans prononcer le nom aimé et estimé de notre pauvre Charles Chincholle...

Le mois dernier, j'étais chargé d'inaugurer à Dieppe la rue Alexandre-Dumas.

— Surtout, reprit Chincholle, ne dites pas Dumas père ! Dites Dumas... tout court !

Et c'était plaisir de l'entendre alors présenter sous une forme vivante, pittoresque, l'existence de l'illustre romancier. Nul ne préparait ses personnages avec plus d'adresse et de bonne humeur. C'était du théâtre et du meilleur.

Le soir de la cérémonie de Dumas — Dumas tout court ! — je portai un toast au secrétaire d'Alexandre Dumas : Charles Chincholle. Notre ami vint à moi et simplement, sans trouver un mot, ses bons gros yeux baignés de larmes, il m'embrassa... Et cette fête aura été une de ses dernières joies !...

UN RÉGISSEUR DE THÉATRE

Septembre 1902

Il faut mourir à temps, a dit le sage, si l'on veut faire un dernier bruit dans le monde des vivants. Au théâtre, il y a de bons et de mauvais mois pour mourir : celui-ci, qui a rendu le dernier soupir un soir de grande première, n'a obtenu du critique qu'un court post-scriptum ; celui-là, qui est mort un jour de disette théâtrale, a eu son article... Son article ! Colleuille, le brave Colleuille, qui depuis de longues années était régisseur de l'Opéra, est mort en été : il avait mal calculé sa dernière. Mais son directeur, M. Gailhard, jugeant que son fidèle collaborateur, méritait mieux qu'un communiqué officiel, a devancé son retour de vacances pour lui rendre les derniers devoirs.

Colleuille était un survivant du vieux théâtre : il connaissait, comme pas un, le vieux répertoire et c'est avec une mélancolie profonde qu'il assistait, impassible, à l'évolution musicale et constatait l'abandon et l'oubli des œuvres qui avaient charmé sa jeunesse. Il avait les anciennes traditions : il les avait reçues de son père, le premier des Colleuille à l'Opéra. Son père — me contait M. Gailhard — était un homme intelligent, actif, mais sec, dur, terrible même ; il avait le don de terroriser son fils, et quand, le regardant sévèrement, il lui criait, d'une voix tonitruante : « Georrrges ! », le pauvre enfant se cachait, se blottissait et ne savait où se mettre : aussi le petit Georges, devenu grand, avait-il gardé une allure empruntée, une voix inquiète, une démarche trépidante ; on raillait même la mine déconfite du régisseur venant, la mort dans l'âme, jeter au public des premières les noms des auteurs ; il avait, semblable au pauvre chien de garde qui n'en peut mais, gardé du « *Georrrges !* » paternel un mauvais souvenir. « Ne faites jamais de peine aux enfants », avait pourtant dit son aimable secrétaire général, notre ami Georges Boyer.

Voilà donc une légende détruite : l'ataxie qu'on prêtait à Colleuille était purement imaginaire : elle ne l'a pas empêché d'exercer, avec une rare conscience, durant plus d'un quart de siècle, ce dur métier de régisseur et nous souhaitons tous que son fils, qui a été à la meilleure des écoles, marche sur les traces de « Géorrrges ! »...

* * *

D'aucuns affirment qu'un régisseur avisé, qui, par ses fonctions, combine les spectacles, prépare les affiches et y inscrit à son gré les vedettes, peut briser la carrière d'un artiste ou faire passer étoile sa protégée : il y a là quelque exagération. Certes, le régisseur est un personnage important ; il met en mouvement la machine, il conduit les fils de l'intrigue, il appartient à la pièce même ; il n'en est pas moins un personnage de second plan. Il y a d'ailleurs régisseur et régisseur. Le régisseur n'est pas le metteur en scène, autrement dit le régisseur général ; il n'en a ni l'autorité, ni la responsabilité. La race des régisseurs généraux se perd, les directeurs ayant pris l'habitude de diriger eux-mêmes les répétitions ; mais il en est encore heureusement — je ne citerai aucun nom — qui, le directeur absent, font la plus utile des besognes et sont d'excellents professeurs de mise en scène. Bref, la mise en scène n'est point la régie. Perrin, qui fut précisément un des maîtres des Colleuille, du père et du fils, nous a donné sur cet art, qu'il avait fait sien, des préceptes en quelque sorte définitifs. Selon lui, un théâtre doit être une grande maison, dont la bonne tenue charme dès l'abord, où tout plaît, où tout sourit, la façon des gens, la proportion des appartements, la couleur des tentures, la disposition et la forme des meubles ; une maison où l'on écoute et où l'on se sent écouté, où l'on cause et où la causerie a une saveur particulière, où l'on est content des autres et de soi parce qu'on a l'esprit à l'aise et dans un état d'absolue confiance. Et Perrin ajoutait qu'une volonté supérieure doit présider à ce bon accord et régler cette harmonie : c'est celle de la maîtresse de la maison. En un mot, la mise en scène doit remplir l'office de ces aimables hôtesses, dont l'hospitalité est si douce qu'on quitte à regret leur demeure et qu'on désire toujours y revenir. Là est l'art du metteur en scène, du régisseur général.

* * *

Le simple régisseur n'a pas et ne doit pas avoir de telles visées. C'est chez lui, dans son bureau, qu'on va aux nouvelles; c'est là que les artistes, guettant un congé ou une soirée à gros cachet, cherchent le répertoire de la semaine; c'est là qu'on discute le droit de priorité sur l'affiche, l'annonce d'une rentrée; c'est là que les engagements, grands et petits, se signent et se résilient; c'est là qu'on apprend l'effet de la représentation de la veille; c'est là, enfin, qu'on se renseigne sur « l'humeur du patron », autant dire sur la recette!...

Le régisseur, en même temps qu'il reçoit les confidences et les secrets de tout ce petit monde, a un autre client : l'abonné. L'abonné, comme le régisseur, sait toutes les distributions jusqu'aux temps les plus reculés. C'est un homme important, bien élevé, bien coté, bien renseigné; l'après-midi, furtivement — car il connaît les coins et les recoins du théâtre — il se cache dans la salle obscure et vient écouter une scène, une fin de scène ; le directeur, tout entier à sa répétition, aperçoit une ombre dans une porte, l'ombre de l'abonné ; on entend un bruit : notre homme va être pincé en flagrant délit ; mais le régisseur est toujours là pour sauver son complice... Le soir, l'abonné est à sa place, derrière la contrebasse, un autre ami ; pendant l'entr'acte, il est sur la scène, en fait les honneurs à un ami de passage à Paris, renseigne sur les débuts, les rentrées, les succès, les fours et aussi sur les caprices et les amours. Il sait tout, il doit tout savoir...

Colleuille, lui, avait un faible pour l'artiste : il le préférait à l'abonné. Je l'ai vu, de mes yeux vu, dans des fêtes très officielles, évincer lui-même des abonnés qui tentaient de forcer la fameuse porte de communication. Là, Colleuille était impitoyable, et bien qu'il apportât dans ses fonctions l'urbanité d'un honnête commis principal, il était l'esclave de la consigne. Les décisions, du moment qu'elles étaient dictées par un chef suprême, étaient toujours parfaites pour lui : il ne se donnait pas le droit de les juger et, comme le préfet de *Bataille de dames*, il servait, avec le même dévouement, tous les gouvernements... Avec quelle joie, l'an dernier, aux fêtes de Compiègne, il dirigea l'embarquement et le débarquement des troupes de la danse! Les gentilles artistes le taquinaient bien un peu, mais leurs plaisanteries ne l'atteignaient pas... Une jolie ballerine lui demandait, devant moi :

— Eh bien! monsieur Colleuille, est-ce aussi bien que sous l'Empire? Etes-vous content?

Et le brave homme, de répondre d'un ton piqué :

— Demandez-le, mademoiselle, à votre maman qui vous accompagne. Elle a dansé à la Cour. Moi, je la regardais !

*
* *

Confident des artistes et des abonnés, aimé de tous, Colleuille était avant tout dévoué à son directeur, à son théâtre : il ne vivait que pour l'Opéra; il en était fier. Dès l'aube, il arrivait anxieux : il faisait sa ronde, ouvrait son courrier, prenait les ordres de l'administrateur, parait aux indispositions imprévues, aux changements de spectacles, assurait le travail de la journée, la marche des leçons et des répétitions. Après le déjeuner, il rendait compte au directeur des moindres faits et s'installait alors dans son cabinet. Il allait aux répétitions, mais il y allait discrètement : il considérait que, si la place du régisseur général est à l'avant-scène, celle du régisseur est, pendant le jour, dans son bureau, au milieu des bulletins, des engagements et des affiches; le soir il était là, à l'ouverture du théâtre, frappait les trois coups traditionnels et minutait les pièces, les actes, les scènes. Pour rien au monde, il n'eût empiété sur le domaine d'un collègue, mais il était jaloux de ses attributions et n'admettait pas qu'on y touchât. Avec le naïf Pitou de la délicieuse *Froufrou* de Meilhac et Halévy, Colleuille aurait pu dire :

— On ne se doute pas de tous les talents que l'on peut avoir dans notre état !

Pitou reprenait piteusement :

— Sans arriver à rien !

Colleuille, à l'inverse de Pitou, était arrivé à quelque chose. Il était quelqu'un.

* * *

Et tandis que le directeur de l'Opéra me contait les frayeurs de « Georrrges », je songeais à un autre enterrement de théâtre. C'était il y a quelques années. A la maison mortuaire, la cérémonie s'annonçait convenable, lorsqu'un orage éclata brusquement. Ce fut alors un sauve-qui-peut général ; à chaque tournant de rue — oh ! les tournants de Delobelle ! — c'étaient des défections nouvelles. Nous arrivâmes au cimetière et M. Gailhard, sous une pluie battante, commença ainsi son discours :

— Les admirables obsèques auxquelles nous avons assisté et dont l'éclat est encore rehaussé par la présence du représentant de l'État...

Le maître des cérémonies et les croque-morts se regardaient consternés. Nous n'étions plus que trois spectateurs : l'orateur, un parent du défunt et moi.

Après le discours, nous serrâmes, M. Gailhard et moi, les mains du parent qui, tristement, resta seul sur la tombe. Les obsèques éclatantes étaient terminées...

Le voilà, hélas! le véritable enterrement d'été.. Celui du bon Colleuille a fait exception à la règle. C'était justice.

LES
GALAS POPULAIRES DES THÉATRES DE BANLIEUE ET L'ŒUVRE FRANÇAISE DES TRENTE ANS DE THÉATRE

Ce sera l'honneur de l'Œuvre Française des trente ans de théâtre d'avoir offert au petit Paris, au Paris qui travaille, au Paris de notre banlieue, des spectacles qu'on a aimablement nommés des galas populaires. Paris est, avec Londres, la seule ville qui ait ses théâtres de banlieue. Quant aux « Volkstheater » de Vienne et de Berlin, qui passent pour des scènes populaires, ce sont ce que nous appelons communément des petits théâtres.

Le malheur est que la plupart de nos théâtres ont un tarif de places devenu inabordable pour les petites bourses. Les cafés-concerts ont suivi le mauvais courant, et le fauteuil d'orchestre qui, autrefois, coûtait trois francs à l'Eldorado et à la Scala, en coûte six et sept aujourd'hui. Seuls, nos théâtres de quartier ont gardé les anciennes coutumes qui étaient les bonnes. Le tarif n'y a pas bougé, et pour la somme modique de trente-cinq sous, l'ouvrier, après une journée de travail, peut aller entendre, installé dans un bon fauteuil, un beau drame ou un joyeux vaudeville du répertoire. Je dis répertoire, car les théâtres de quartier ont encore un répertoire et une troupe. Leurs directeurs, plus prudents et moins ambitieux que ceux de Paris, ont résisté à la vedette, c'est-à-dire à la ruine. Ils considèrent qu'une troupe d'ensemble est la force vive d'un théâtre, et il faut bien croire que cette méthode est la bonne, puisque la plupart des directeurs de banlieue font leurs affaires et n'ont pas été touchés par la fameuse crise théâtrale. Un d'entre eux, M. Hartmann, qui est le doyen de nos directeurs parisiens (il a été le camarade de Frédérick-Lemaître et de Bouffé, et a assisté aux représentations impériales de Compiègne et de Saint-Cloud comme régisseur), trouve le moyen de diriger, et de fort bien diriger, aidé par M. Larochelle fils et M. Bessac, quatre scènes de quartier : Montparnasse, Grenelle, Gobelins et Saint-Denis.

***

— Nous n'avons pas seulement notre répertoire et notre troupe, me contait un directeur de banlieue, nous avons aussi notre public. Vous allez me dire que notre public à nous, c'est celui des petites places de vos théâtres de Paris. Erreur! Et comme il est fidèle à ses artistes! Voulez-vous que je vous en donne une preuve? Il y a quelques mois je montais *Cyrano*. La pièce devait faire la huitaine, comme il est de règle. Pour jouer le rôle de Cyrano que je trouvais lourd, j'avais renié tous mes principes et j'avais eu recours à l'ennemi, à la vedette! Je pensais que le pensionnaire de ma troupe qui tient l'emploi des grands comiques — chaque artiste a son emploi, comme dans le vieux temps! — ne serait pas à la hauteur de sa tâche. Eh bien! je m'étais trompé .. J'avais compté sans mon public!

— Comment! sans votre public?

Parfaitement! Mon public fit un accueil plus que froid à la vedette que j'avais payée très cher. Mon public réclamait à tout prix son comédien. La leçon sera bonne... Je ne recommencerai plus : le public aura son compte, mon pensionnaire aussi, et moi je ferai ainsi une sage économie!...

Et comme le directeur, triomphant, concluait que la vedette est une des principales causes de la prétendue crise théâtrale, il ajoutait non sans malice :

— Mais votre fameux théâtre populaire, que vous rêvez et qui nous vaut tant d'articles, il existe et en plein Paris! Les vrais théâtres du peuple, ce sont les nôtres. Nous ne pouvons pas jouer Molière, mais consultez nos spectacles! Nous donnons, par an, plus de trente pièces différentes : nous faisons peut-être une trop large place au mélodrame, mais oublions-nous Hugo et Dumas? Nous jouons couramment *les Mousquetaires* et *Vingt ans après*, nous jouons *Marion Delorme* et *Lucrèce Borgia* qui ont disparu de l'affiche de vos grands théâtres de Paris.

Notre directeur était lancé... Je l'interrompis : je lui rappelai — ce qu'il allait sans doute me dire — qu'un des plus célèbres comédiens de notre temps, M. Frédéric Febvre, avait débuté à

Belleville; que M. Delmas, avant d'être le grand chanteur qu'il est, avant même d'appartenir au Conservatoire, avait joué *Ruy Blas* et *la Tour de Nesle* dans tous les théâtres de banlieue; j'ajoutai même que, récemment, lors du bénéfice de Mme Marie Laurent à l'Opéra, M. Gailhard pria l'admirable Wotan de reprendre Buridan, et qu'il fallut renoncer à ce séduisant projet.

Surpris, mon interlocuteur me serra les mains :

— Merci! M. Gailhard se souvient?... C'est donc vrai?... Febvre... Delmas...

— Et Lérand! ajoutai-je.

— Comment Lérand?...

— Oui, Lérand, du Vaudeville. Il a passé par les Bouffes-du-Nord! C'est Sarcey lui-même qui, avec notre pauvre ami Raoul Toché, alla l'y chercher...

— Et vous écrirez tout ce que vous me dites-là? Vous prendrez notre défense?

— C'est convenu...

. . .

Notre excellent directeur avait cent fois raison... Il ne faut médire ni de nos scènes de banlieue, ni de celles de la province. Il y a trois ans, presque jour pour jour, par une belle journée de printemps, nous faisions le pèlerinage de la Ferté-Milon : nous allions fêter Racine, et je crois bien que Mᵐᵉ Bartet remporta ce jour-là une victoire qui lui fut particulièrement douce. Une des plus charmantes artistes du théâtre, qui avait eu sa part dans ce succès, Mᵐᵉ Moreno, nous disait, au retour de La Ferté-Milon :

— Il faudra recommencer ! Cela nous coûte si peu à nous, et cela rend si joyeux tous ces braves gens !

Deux ans plus tard, l'an dernier, j'eus le vif plaisir de retrouver Mᵐᵉ Moreno aux fêtes données à Condé-sur-l'Escaut en souvenir de la Clairon. Elle était là avec plusieurs de ses camarades, dont M. Georges Baillet, qui nous faisait les honneurs de ce beau pays du Nord, où il est né. La fête, bien que le thermomètre marquât 37 degrés, fut exquise. La province a de ces revanches... Et nous nous demandions tous trois pourquoi nous n'offririons pas autour de Paris, à nos scènes de banlieue, de semblables réjouissances. Et nous avons réalisé notre rêve...

C'est dans les théâtres de MM. Hartmann et Larochelle, auxquels s'était joint le Concert Européen de la rue Biot, que nous avons inauguré nos galas populaires avec un succès qui a dépassé toutes nos espérances, un succès tel que, l'an prochain, à la même époque, nous reprendrons notre tournée populaire, et qu'avant la fin de l'année présente, nous ferons à Batignolles, à Montmartre, à Belleville et aux Ternes, ce que nous venons d'entreprendre sur « l'autre rive ».

Qu'avons-nous donc tenté? Quels moyens d'exécution avions-nous à notre service? Quel était notre but? Autant de questions auxquelles je voudrais répondre. Toutefois, qu'il me soit permis de rappeler comment notre œuvre est née, et grâce à quels appuis elle prospère.

.*.

L'Œuvre Française des trente ans de théâtre ne devait pas être la grande société qu'elle est devenue. C'était une caisse de secours supplémentaire, destinée à venir en aide, directement et immédiatement — j'insiste sur ces deux mots — non seulement aux auteurs et aux artistes qui ont leurs sociétés régulièrement constituées, mais à tous les gens de théâtre, auteurs, artistes, critiques, machinistes, décorateurs, etc., qui après trente ans de travail et de lutte se trouveraient sans ressources, et aussi à ceux que la maladie ou la disparition d'un des leurs laisse dans le besoin.

J'avais eu l'honneur, à maintes reprises, de représenter M. le Ministre de l'Instruction publique et des Beaux-Arts dans les commissions chargées d'organiser des représentations à bénéfice. A l'Opéra-Comique, en moins de trois ans, nous avions eu trois bénéfices. Le premier fut pour M. Strintz, un comédien qui, sortant du Conservatoire, était entré au Palais-Royal, qu'il avait quitté pour faire toute sa carrière en Russie, d'où il était revenu mortellement malade. Le second fut pour Mme Fanny Génat, une des doyennes de notre théâtre, qui essaya tous les genres : le drame, la comédie, le vaudeville, l'opéra-comique, la féerie et la danse. Le troisième fut pour Mme Taskin, la femme du regretté chanteur de l'Opéra-Comique. Pour chacune de ces représentations, un comité s'était formé, composé du directeur du théâtre, de dramaturges, de musiciens, de comédiens, de chanteurs, de fonctionnaires ; il avait obtenu des résultats plus que satisfaisants. A l'Opéra, une Commission identique, présidée par M. Sardou, préparait, l'an dernier, à Mme Marie Laurent, la représentation qu'on n'a pas oubliée.

Hélas ! Il faut avoir le courage de le dire : ces commissions travaillaient le plus souvent en pure perte. Presque toujours, le produit de nos représentations était saisi par les gens d'affaires, les créanciers, les huissiers. Il fallait, à tout prix, trouver un remède pratique à ce mal. A mon avis, le mieux était de renoncer à ces représentations qui, par leur multiplicité, se nuisent et se nuiront toujours les unes aux autres, et de créer une caisse de secours directs et immédiats. J'estime que mieux vaut, pour un bénéficiaire, toucher dix années de suite cinq cents francs, soit cinq mille francs, que d'avoir une grande représentation dont le produit dépasse sans doute ce chiffre de cinq mille francs, mais va presque toujours à des intermédiaires plus ou moins véreux.

Je soumis mon idée au président de la Société des auteurs dramatiques. au directeur des Beaux-Arts, à M. Dislère, président de section au Conseil d'État, et au président de l'Association des artistes. Tous l'approuvèrent. Je réunis alors quelques amis, et le 30 décembre 1901, notre Comité tenait sa première séance. Nous adoptions le titre : *Œuvre Française des Trente ans de théâtre.* Le lendemain, chroniqueurs, critiques, feuilletonistes, courriéristes de Paris, de la province et de l'étranger, saluaient notre idée avec enthousiasme... J'avais alors profité des vacances du jour de l'an pour faire un tour en province, mes amis du comité me rappelèrent bien vite...

Le 4 janvier, j'étais de retour à Paris. Je réunis notre bureau chargé de représenter notre Comité et nous nous mîmes aussitôt en campagne. A M. Émile Demagny, nous demandions de reconnaître notre existence légale ; à M. Sardou, de dissiper tous les malentendus possibles ; à M. le Président Dislère, d'élaborer nos statuts, et voilà comment, grâce à de tels appuis, notre caisse de secours devint une société véritable. Le 15 février, nous fêtions la croix de notre collègue et ami Amable, l'éminent peintre décorateur qui représente les décorateurs dans notre comité.

Ce soir-là, nos présidents d'honneur étaient là : tous prirent la parole, et la bonne. Le 30 décembre 1901, l'Œuvre Française des trente ans de théâtre était fondée : le 15 février 1902 elle vivait.

.*.

Notre Comité avait repoussé les souscriptions personnelles, les quêtes à domicile et autres procédés de ce genre. Seules les représentations devaient alimenter notre Œuvre. Ces représentations devaient d'abord être données dans une journée « la Journée des Trente ans de Théâtre ». M. Gailhard nous avait promis l'Opéra, M. Porel le Vaudeville, M. Samuel les Variétés et M. Chevillard son orchestre. Nous avions rêvé d'avoir :

A 11 heures du matin, un concert Chevillard au Nouveau-Théâtre ;

A 2 heures de l'après-midi, une matinée au Vaudeville ;

À 9 heures du soir, un gala à l'Opéra ;

A minuit, un bal aux Variétés.

Douce illusion réservée aux œuvres naissantes ! Notre rêve était irréalisable, et c'est un revuiste spirituel (nous avons eu l'honneur d'être célébrés par MM. Gavault et Vely aux Variétés et par M. de Cottens, aux Folies-Bergère) qui insinuait avec autant d'esprit que de justesse, que le Parisien qui aurait le courage d'assister aux quatre spectacles précités, mourrait le soir même... Nous ne voulions faire mourir personne!... Mais la vérité, c'est que nos spectacles se faisaient concurrence les uns aux autres. Le projet de la journée fut écarté : les directeurs n'en restèrent pas moins à notre entière disposition. Nos spectacles étaient prêts, nos recettes assurées, lorsque survint le malheur de la Martinique. Tout fut ajourné.

Toutefois, si nous n'avons pas eu encore les fructueuses représentations, nous avons, dans les théâtres de banlieue dont je parlais tout à l'heure, fait de la besogne, et, je crois, de la besogne fort utile.

Cinq fois en une semaine, les mêmes artistes — oui les mêmes! — ont payé de leur personne, procurant à notre petit Paris des joies qu'il ignorait. Est-ce, comme on l'a dit, le théâtre populaire rêvé dont il est, depuis si longtemps, question? Cela est bien possible. En tous cas, le résultat est là, et ce résultat est excellent. Partout, c'étaient des salles combles, des publics enthousiastes, des gens heureux et profondément heureux.

Pensez donc! Voir à si bon compte les meilleurs de nos artistes, les artistes du grand Paris! Partout, on a refusé des centaines de personnes. Ceux qui ont pris la peine d'assister à ces spectacles, en garderont, j'en suis sûr, un bon souvenir. M. le Président Dislère ne déclarait-il pas aux artistes qu'il n'avait jamais passé une soirée comparable à celle de Montparnasse, lui, un Conseiller d'État, un des Présidents de ce grave Conseil! Je suis bien sûr que MM. Henry Roujon, Théodore Dubois, Albert Carré, Adolphe Brisson, Miguel Zamacoïs, Pierre Decourcelle, Louis Varney, Charles Reynaud, et tous les Parisiens qui nous ont rendu visite, n'ont pas regretté leur déplacement...

*.

J'ai dit que ces cinq spectacles furent partout les mêmes, et cela pour ne pas rendre jaloux Grenelle de Montparnasse, l'Européen des Gobelins ou de Saint-Denis.

Ces spectacles commençaient à huit heures et demie pour finir à minuit. Les conférenciers — eux seuls changeaient suivant les quartiers — étaient chargés de présenter notre idée ou, pour parler plus exactement, nos idées : celle de l'Œuvre et celle du Théâtre populaire. Comme ces conférenciers s'appelaient Gustave Larroumet, Auguste Dorchain, Georges Vanor et Léo Claretie — celui-ci a bien voulu faire deux conférences, et a remplacé M. Catulle Mendès souffrant — je vous laisse à deviner si notre idée était brillamment développée, et si, après de tels « levers de rideau », nos artistes étaient heureux de faire la connaissance d'un public inconnu pour eux !

Oui, nos artistes, qui, sans crainte de la fatigue, sans se préoccuper des soirées en ville et des cachets qu'on leur proposait, ont été avec nous et de tout cœur. Je les avais vus à l'œuvre pour la plupart, en ces fêtes de province si pieusement préparées pendant des mois, par les autorités administratives, soucieuses de fêter dignement un grand compatriote... Les théâtres de banlieue se sont surpassés : ils ont dépassé la province...

J'ai retrouvé là : Jules Truffier, acclamé et justement acclamé dans le Gros-René du *Dépit amoureux* ; M¹¹ᵉ Kalb, incomparable Marinette, M¹¹ᵉ Marie Leconte exquise en Henriette comme en Mimi Pinson et disant fièrement à ses camarades, lorsqu'elle sortait de scène :

— Il me connaît, ce public, moi ! J'ai débuté avec lui, au Château-d'Eau !

J'ai retrouvé là, enfin, mes deux fidèles amis de Condé-sur-l'Escaut, Mᵐᵉ Marguerite Moreno et Georges Baillet, heureux d'avoir réalisé notre beau projet et donnant tous deux le bon exemple à leurs camarades : lui, excellent en Clitandre des *Femmes Savantes* ; elle, modernisant Armande et jouant pour la première fois sans doute, depuis sa sortie du Conservatoire, Lucile du *Dépit amoureux*.

Voilà — et je me garderai d'oublier M¹¹ᵉ Thomsen, MM. Croué et Charles Esquier, dignes partenaires de tels artistes, — voilà pour la comédie. Molière, La Fontaine, Alfred de Musset, Victor Hugo...

Le chant était représenté par Fugère, l'incomparable Fugère ; la vieille chanson, par sa distinguée présidente, Mᵐᵉ Amel, et par notre

camarade Cooper : la danse, par ces adorables
sœurs Mante, que M. William Marie, l'auteur
de ces morceaux désormais classiques, avait
tenu à accompagner lui-même; l'opérette, par
Marguerite Ugalde, détaillant à ravir le ron-
deau du *Petit Duc*; la chansonnette par Mlle Paulette Darty, bissant, trissant ses célèbres valses
chantées, et par Polin, notre tourlourou national qui, chaque soir, venant de la Scala, tra-
versait tout Paris et débarquait heureux de donner un peu de joie à tant de braves gens !

Braves gens ! Il me semble que c'est sur ce
mot qu'il me faut terminer ce trop long article.
Braves gens, tous ces artistes venant chaque soir
au rendez-vous, à l'heure dite, faisant le bien
de si délicate manière ! Et je crois bien, qu'avec
tant de braves gens réunis sur la scène et dans
la salle, il y a des chances pour que l'Œuvre Française des trente ans de théâtre ait, comme on l'a
dit, posé la première pierre de ce Théâtre populaire ouvert à la comédie et à la musique.

Je n'ai rien ajouté à ces lignes. Nous avons
trouvé chez tous, conférenciers, directeurs, artistes, régisseurs, un dévouement admirable. Je
m'en voudrais de ne pas rendre un hommage

particulier à l'administrateur général de la Comédie, à son très actif et très dévoué lieutenant M. Prudhon, qui a singulièrement facilité notre tâche et au régisseur M. Bernès. Et cependant, je devine l'objection :

— Vous êtes orfèvre! Vous ne voyez que les *Trente ans*! C'est une idée fixe chez vous!

Je suis orfèvre, en effet, étant Président de l'Œuvre. Il s'agissait du Théâtre populaire et bien vite j'ai développé une idée qui m'est chère et à laquelle je consacrerai ma vie: Je sais tout cela... Mais M. Gustave Larroumet n'est pas orfèvre lui! Il n'est pas président des *Trente Ans de Théâtre*! Avec Émile Bergerat, Emmanuel Arène, Lucien Descaves, Alexandre Hepp, Adolphe Brisson, Camille de Saint-Croix, avec beaucoup de nos confrères de Paris, de la province et de l'étranger, il nous a, dès le début, soutenus, encouragés. Il a fait mieux encore... Souffrant, malade, il n'a pas hésité à payer de sa personne : il a porté la bonne parole au public de Montparnasse, nous donnant là une marque d'affectueuse livrant aux lecteurs du *Temps* ses impressions sur notre *OEuvre*, sur nos représentations. N'y a-t-il pas de cette appréciation même un enseignement à tirer ?

Je n'ai plus à dire ce qu'est l'OEuvre des *Trente ans de théâtre*, conçue de manière si pratique et lancée avec un si beau succès par M. Adrien Bernheim. Elle a donné ces jours-ci son cycle de représentations faubouriennes, en commençant par le Concert européen de la rue Biot et en finissant par le théâtre de Saint-Denis, avec arrêts à Montparnasse, à Grenelle et aux Gobelins.

Toutes ont eu un égal succès, depuis la conférence préliminaire jusqu'aux chansonnettes finales. J'ai assisté à celle de Montparnasse, dont j'étais le conférencier, et j'y ai fait une double expérience, qui m'a vivement intéressé et beaucoup appris.

Le programme embrassait tous les genres dramatiques, comédies et récitations, chant et danses, opérettes et chansonnettes : le premier acte des *Femmes savantes* et le *Dépit amoureux* par les artistes de la Comédie-Française, la scène de la sérénade d'*A quoi rêvent les jeunes filles*, par Mlles Moréno et Leconte, des fables de La Fontaine par M. Truffier et des poésies diverses par ses camarades, un choix de

Ugalde, enfin des chansonnettes par M⁽ˡˡᵉ⁾ Paulette Darty et Polin.

C'était fort mêlé et le public auquel cela était offert ne l'était pas moins. Par le trou du rideau pendant les minutes cruelles qui précèdent le sacramentel : « Mesdames, Messieurs... » je regardais la salle. Je voyais à l'orchestre des complets de velours à côtes ; au balcon, des redingotes bourgeoises ; au paradis, des casquettes et, dans les loges, quelques têtes connues de boulevardiers venues pour l'originalité de la chose. Et je me demandais quel langage j'allais tenir à une salle ainsi composée, de quoi je leur parlerais, de l'Œuvre ou du programme, de celui-ci en entier ou en partie. Bref, je ne savais pas du tout ce que j'allais dire. Sensation terrible et délicieuse !

Dès mes premiers mots, j'étais rassuré et fixé. Jamais depuis bientôt quinze ans que je parle dans les théâtres, je n'ai rencontré public plus attentif plus ouvert, plus prompt à comprendre. Bonnement, je lui ai indiqué pourquoi notre race française aime le théâtre avec passion et pourquoi elle y excelle, comment ce goût national s'est satisfait et a produit tant de chefs-d'œuvre, depuis Molière jusqu'à Dumas fils, à quels aspects éternels de la nature humaine et à quels changements des mœurs, à quels goûts permanents et à quelles modes passagères répondent les noms que portait le programme. Non seulement j'ai eu, du premier mot au dernier, le sentiment d'être compris, mais je n'ai jamais été écouté avec plus d'attention. Certes, il y avait bien des lacunes dans l'instruction générale de mon auditoire, mais son intelligence naturelle et sa promptitude d'esprit y suppléaient.

Et puis, il avait cette chose si rare — car elle diminue à mesure que la culture de l'esprit devient plus fine et aussi plus artificielle, partant plus exigeante et plus blasée, — il avait la vivacité, la franchise et la justesse de l'impression.

La représentation a été des plus brillantes et comme tout a porté ! Sous la perruque du vers classique et le panache du vers romantique, comme ce public retrouvait vite les éternels sentiments de l'humanité ! Dans Armande, Henriette et Clitandre, il discernait des types qui sont de toujours, types de prétention, de naturel et de sincérité amoureuse ; comme avec les filles du duc Laërte, il entendait murmurer l'éternelle rêverie des jeunes cœurs qui s'ouvrent ! Le *Dépit amoureux* n'a été qu'un long éclat de rire et les fables de La Fontaine, dites avec beaucoup de justesse et de verve, par M. Truffier, ont été longuement applaudies. Si je n'insiste pas sur les autres parties du programme, dont le succès a été au moins égal, c'est pour ne pas sortir de mon domaine habituel.

Mais ce qui m'a le plus frappé, c'est le sens des plus fines nuances et le goût de délicate justesse dont ce public a fait preuve tout le long de la soirée.

Dans le *Dépit amoureux*, par exemple, il y a des effets assez gros. Ils ont beaucoup porté assurément, mais savez-vous quel est celui qui a excité le rire le plus franc ? C'est la jolie parodie de la précieuse

Lucile, tout à la fin de la pièce, par la franche Marinette : « Ramenez-moi chez nous. » Mlle Kalb l'a dite avec une franchise et une mesure parfaites ; je doute qu'elle y ait jamais excité un rire plus franc.

Dans les *Femmes savantes*, cette finesse et cette justesse d'impression étaient encore plus sensibles, parce que l'impression comique y est moins poussée. Mlles Moréno et Leconte ont donné toute leur valeur aux vers charmants de leur querelle sentimentale et pas une nuance n'a été perdue. A chaque vers particulièrement prétentieux d'Armande et à chaque réponse plus marquée de naturel chez Henriette, de la salle entière s'élevait ce murmure de gaîté intelligente, qui souvent vaut et exprime plus que de bruyants applaudissements.

En résumé, j'ai eu à Montparnasse l'impression de ce que devait être un parterre d'autrefois, ce parterre parisien aujourd'hui noyé dans les flots changeants de Cosmopolis, et j'ai songé à la *Critique de l'École des femmes* :

« Apprends, marquis, je te prie, qu'à le prendre en général je me fierais assez à l'approbation du parterre, par la raison qu'entre ceux qui le composent il y en a qui sont capables de juger d'une pièce selon les règles, et que les autres en jugent par la bonne façon d'en juger, qui est de se laisser prendre aux choses, et de n'avoir ni prévention aveugle, ni complaisance affectée, ni délicatesse ridicule. »

Le théâtre, en France, est sorti du peuple, s'est d'abord adressé à lui. Devenu aristocratique, il a été préservé de l'artificiel, par ce qu'il retenait de sève populaire et les racines qu'il poussait toujours dans le vieux sol parisien. Lorsqu'il revient à son origine, la reconnaissance se fait vite des deux côtés.

Il ne me reste plus qu'à exprimer le regret que notre tentative ait été faite pendant la période électorale et que le distingué rapporteur des Beaux-Arts, M. Couyba et ses collègues du Parlement qui s'intéressent à la création du grand théâtre populaire aient été privés d'un tel plaisir! Ils auraient tiré de ces représentations des conclusions pratiques et nous auraient puissamment aidés. Ce sera pour la fois prochaine, lorsque nous rendrons visite à l'autre rive!

L'expérience est donc faite aujourd'hui grâce à ces cinq spectacles dont le succès artistique et matériel a dépassé toute attente : un théâtre populaire peut vivre et prospérer : *L'OEuvre française des Trente ans de Théâtre* a rigoureusement appliqué un programme pratique pendant cinq soirées : le produit a été versé aux imprévoyants et aux malheureux. Nous recommencerons en octobre, et à la fin de l'année présente nous aurons offert au Paris qui travaille dix soirées de gala : nous aurons donné de la joie à ceux-ci, du pain à ceux-là, et nous aurons alimenté le budget de notre Œuvre en affirmant l'existence du Théâtre populaire ! [1]

[1]. Cette seconde tournée populaire vient d'être donnée, dans le courant d'octobre, avec un plein succès, au Théâtre Maguéra, aux Bouffes-du-Nord, aux Ternes, à Belleville, à Bataclan. Grâce à la Comédie-Française nous avons réalisé notre rêve et offert le *Misanthrape,* les *Femmes savantes* et *Andromaque* dans leur forme intégrale.

TABLE DES MATIÈRES

	Pages.
Préface.................................	1

LES THÉATRES D'ÉTAT

La Comédie-Française................	3
L'Opéra...............................	63
L'Opéra-Comique......................	95
L'Odéon..............................	115

SOUVENIRS DE THÉATRE

Les Brohan et les Samary.............	167
Les Décorateurs......................	176
Dieudonné............................	183
La Vieille chanson. — Victorine Demay	194
Aristide Bruant et Louise Balthy.....	203
Grivot...............................	211
Sarcey et la conférence..............	219
L'ancien Comité de lecture de l'Odéon	226
Souvenir de censure..................	234
A M. Georges de Porto-Riche..........	242
Au Conservatoire.....................	251

TABLE DES MATIÈRES

Pages.

A M. Théodore Dubois. 263
Les fêtes d'Orange en 1894. 270
Villa des Cèdres. 278
Un régisseur de théâtre 286
Les galas populaires des théâtres de banlieue et l'œuvre
 française des trente ans de Théâtre 296

Paris. — L. MARETHEUX, imprimeur, 1, rue Cassette.

www.ingramcontent.com/pod-product-compliance
Lightning Source LLC
Chambersburg PA
CBHW070946180426
43194CB00041B/1147